부산을 기억하는 법

김요아킴 시집

서문

  교단에 발을 디딘 지 그리고 이곳 부산으로 터전을 옮긴 지 벌써 삼십 년이 지났다. 낯선 항구 도시, 하지만 세월의 풍화 속에 함께한 무수한 인因과 연緣들 그리고 이를 통해 현실 속으로 지난하게 뿌리내리려 한 서사의 과정을 부족한 시어로나마 직조해 보았다. 그리고 보니 '부산'은 이제 내 생의 거처로 성큼 다가온 듯하다.

금정산을 뒤로하고
낙동강이 바라보이는 화명에서

김요아킴

차례

서문 __ 003

1부

개심開心-금정산을 맞았다 __ 011

아미동은 여전히 힘이 세다 __ 012

오륙도 비가悲歌 __ 014

포효-안창, 호랭이 마을에서 __ 016

법기리 반송盤松나무에게 __ 018

동보서적, 희미한 옛 그림자 __ 020

회국수에 시집을 비비다 __ 022

4월 22일, 기후 진맥 시계-부산 시민공원에서 __ 024

장승등대는 안녕하다 __ 026

요산문학관, 그 나무-박선봉 노인을 떠올리며 __ 028

수정산-산거족 블루스 __ 030

황령산 봉수대에서 __ 032

백양산자락을 이어 붙이다 __ 034

新세한도-신축 아파트 공사장에서 __ 036

상계봉 가는 길 __ 038

2부

화명華明 __ 041

기억에 기억을 튀기다-당감동 통닭골목에서 __ 042

국민은행 당감동 지점 __ 044

수화기 너머의 그 목소리 __ 046

덕포동 시장 골목길 __ 048

'마'의 결기 __ 050

돼지국밥을 탐하다 __ 052

구포 삽화 1 __ 054

구포 삽화 2 __ 056

범일동 엘레지 __ 058

여름, 내게 온 선물-거제동 가정법원 후기 __ 060

당감동, 그 절집 __ 062

삼광사 아랫마을에 관한 기억 __ 064

화명동, 붕어를 찾아서 __ 066

울컥, 사십계단-두 분의 소설가를 기억하며 __ 068

3부

그날 이후-이십 대의 비망록 __ 071

부산, 1993년 가을 __ 072

OB집에서 靑山을 찾다 __ 074

지금, 우리는 __ 076

서면 교차로에서-4월 27일 __ 078

이곳, 부산에서 세월을 외치다-세월호 참사 9주기를 맞아 __ 080

노르웨이 숲 옆 푸르지오 __ 082

그날, 서면 광장에서 __ 084

덕천동, 횟집에 앉아 __ 086

아나고의 힘 __ 088

자갈치 곰장어傳 __ 090

갈맷길, 당신만큼의 동행 __ 092

나무들이 합장하다-금정산 중턱에서 __ 094

밤의 기억법-초읍, 원당골의 그날 __ 096

가만히 있으라-이태원 참사, 서면 추모광장에서 __ 098

4부

수선집에 관한 고찰 __ 103

해리미용실 화명 7호점 __ 104

랩소디 인 골목길-코로나 팬데믹 __ 106

성지곡 수원지 __ 108

송정, 그 바닷가 __ 110

안녕, 구덕야구장 __ 112

호모 플라스티쿠스-다마트를 다녀와서 __ 114

별을 기억해야 할 아침 __ 116

매일 아침 7시 45분이면 __ 118

고해-아침햇살에게 미안하다 __ 120

대결 1-자가용에 관한 보고서 __ 122

대결 2-자가용에 관한 보고서 __ 124

윗몸 일으키기-초읍 어린이대공원에서 __ 126

동네마실 너머 1-우신탕 입구에서 __ 128

동네마실 너머 2-화명2동 골목을 걷다 __ 130

해설 김수우(시인)_ 영혼은 어디에 발을 디디는가 __ 131

1부

개심開心
― 금정산을 맞았다

  우두커니 앉은 방안의 어둠이 짙을수록, 창밖 산 그림자가 선명하게 드러났다

  생의 감각이 날밤을 새우며 통증으로 이어지던 날, 조금씩 산의 오솔길이 보이기 시작했다

  마음을 내려놔야 한다는 처방을 떠올리며 지금껏 짊어온 무게를 저울질하려할 때 길섶의 꽃무릇이 슬며시 다가왔다

  배고픔을 하얗게 속이던 하루하루를 보내며 무심코 지나쳤을 그 숲속 길냥이에게 비로소 인절미 과자 하나를 뜯어주었다

  끈적하게 지상에 발을 디뎌온 날들 하늘의 명을 알아야 할 지금, 마침내 마음이 환하게 열리었다

아미동은 여전히 힘이 세다

상석床石의 제물은 죽은 자의 몫이 아니다

떼로 날아든 까치의 수런거림 뒤로
시대를 관통하는 배고픔이 도사리고 있다

대여섯 살, 전설의 고향에서나 볼 법한
하얀 소복 입은 긴 머리 그림자

살기 위한 몸부림 앞엔 무서움도 사치다

매캐한 화약내, 가릴 것 없는 민둥 자리로
이방인의 묘비는 산 자의 주춧돌이 되고
대를 이어갈 든든한 옹벽이 되었다

아이들이 태어나고 무명옷을 다듬질할 방망이는
끊임없이 비문을 두드리고

유골함은 이미 항아리가 되어 부엌을 지켜왔다

가끔씩 '이따이, 이따이' '아츠이, 아츠이' 하는 소리가
들려온다는 소문만이 무성할 뿐

아무도 고향으로 돌아가지 못하는 이 아미동에
산 자와 죽은 자의 경계는 없다

여기는, 가난으로 생과 사를 초월하는 힘을 가진 곳이다

오륙도 비가悲歌

동해와 남해가 나뉘는
서늘한 경계에서
목숨보다 더한 이념의 광기가
시퍼런 파도를 적셨던 그곳은
거센 소용돌이로 누구도 빠져나오지 못할
창백한 역사의 쉼표 어디메쯤에서
아무런 이유도 없이
영문도 모른 채 끌려나와
새끼줄에 묶인 무수한 손발
전쟁이 터진 그해, 오로지
단 한 발의 총성도 아까워
확실하게 증거를 인멸하려 했던
그곳은 지금, 유람선이
유행가를 매달고 하염없이
부산항으로 돌아오라 넘실대고 있지만
저 먼 쓰시마 해협까지 떠밀려간

그때의 잔혹한 기억들을 떠올리며
좌우로 떠 있는 방패섬과 솔섬이
결국 우삭도 하나였음을 오륙도는
썰물처럼 여전히 노래하고 있다

포효
— 안창, 호랭이 마을에서

산군山君이 사라졌다
인왕을 거처로 남북 수백 리를
옹골차게 호령했을 깊은 산중의
왕좌는 이미 폐위되었다

유난히 도드라진 산맥의 힘줄
속속들이 헤집으며
놋대야보다 더 큰 광채로
어둠 밝힌, 숲속의
이 경외敬畏로운 자세는
백두대간을 틈타 목을 축이며
천천히 하늘을 바라본, 여기
호계천까지 이어졌다

아들을 잃은 한 아낙의 젖이
어린 범을 살려냈다는 소문이 끝없는

산군의 은덕으로 귀결되었던
가난한 마을의 전설은
전쟁을 피해
먹고 살기 위해 부산하게 모여든
거친 생의 디딤이 되어줄
안창이었다

군주가 없는 시대, 여전히
도도한 바위와 넉넉한 나무 그늘 아래로
다시 한 번 큰 대륙을 향해 포효할
용맹한 족적이, 지금
골목 벽화 속에서 꿈틀거리고 있다

법기리 반송盤松나무에게

고개를 숙였다

무릎을 구부리고
더 낮게 몸을 낮추었다

수면 위를 건너온 바람이, 툭툭
어깨를 두드리며 죽비 같은
서녘 햇살들을 불러 모은다

흙으로 돋운 높다란 둑방 위로
백 년도 훨씬 넘은 일곱 그루 소나무가
조심스레 기지개를 펴며, 여전히
새로운 시간을 직조하고 있다

저 멀리 산 그리메가
홀로 정박한 쪽배의 고물에

옅은 가을로 부딪치며, 슬쩍
자맥질을 하고 있다

물을 노래하는 마음으로
두 팔을 양옆으로 드리우며
법기리를 품는다

적어도 세 번은
머리를 숙일 수밖에 없는

천천히 가야 할 길, 그대 앞에서

동보서적, 희미한 옛 그림자

누군가를 기다리며 '무작정'이란 부사를
슬그머니 끼워 넣을 수 있는 곳

손전화도 없던 시절, 한 女子를
살붙이로 맞이하기까지의 진한 여백 너머

종종 사막을 건너는 낙타의 발굽으로, 간절히
시집 진열대에서 빛나고 있는
언어들을 주술처럼 되뇌일 수 있는 곳

함께 나란히 입을 맞춰가며
어긋난 시간이 빚어낸 오해도
휘발성 강한 감정의 옹알이도, 숫제
행간의 침묵 속으로 퍼다 담을 수 있는 그곳

언젠가 우리의 지문이 남은 책갈피에서

사람들 가슴 한 켠에 꽃으로
피어나게 할 수만 있다면, 그 가정假定이
지금 오늘로 만지작거려지지만

그때의 감촉은 사라지고
텅 빈 그곳을 서성이며 어쩔 줄 몰라 하는
한 낯선 이가 풍화되어 가고 있을 뿐이다

회국수에 시집을 비비다

영광도서에서 한 권 시집을 사면, 꼭
맞은 편 국숫집에서 그 활자를 돌돌 말아 올렸다

지하 서고에 알맞게 묵혀있던 시어들이, 일정한
점도로 함축되어 목구멍에 착착 감기곤 했다

발갛게 상기된 시인의 양념장 같은 욕망이
파릇파릇한 이미지로 쓱쓱 비벼질 때쯤

먼바다를 횡단한 가오리의 쫄깃한 꿈은
시의 여백처럼 뼈째 탁탁 걸리기도 했다

서면 한복판, 두 곳이 서로 마주한 거리는
내 나이만큼의 연줄로 팽팽하기만 한데

은행나무 노란 나이테가 밑줄을 긋다가, 어느새

내 언어를 슬그머니 훔쳐보던 날이 있었다

남몰래 발효되지 못한 시집의 안부를, 직접
건네며 후루룩 마셔버린 그런 날이 있었다

4월 22일, 기후 진맥 시계
— 부산 시민공원에서

내가 태어난 다음 해부터
내가 발 딛고 숨 쉬는 이곳을, 이미
걱정하는 목소리로 응결된
사월하고도 스무 이튿날
무의식적으로 내게 발견된 건
거꾸로 가는 시계 하나였다

양지바른 남쪽, 장엄한
메타세쿼이아의 추모행렬을 받으며
초 단위로 명멸해가는 붉은 메시지
그 옆으로 젖니 유난한
유모차 속 웃음이, 찰칵
환한 배경이 되어 주었다

두툼한 소고기 패티로 무장한
빵 한 입을 베어 물며

흘러내린 치즈를, 서둘러
플라스틱 빨대로 음미하다
몇 리터 휘발유로 드라이브스루 하기를
참으로 잘했다며 자위하는
주말 오후의 평화로운 여유, 하지만

녹아내리는 빙하를 헛딛는 북극곰의 당황스러움과
키만큼 높아진 바닷물의 습격에 놀라는 원주민들
타는 목마름의 저편으로
노아의 방주를 만들어낼 비의 기세에
죽음보다 더한 두려움을, 시간은
이미 예감하고 있는 중이었다

장승등대는 안녕하다

이곳 연화리 포구엔
시퍼런 짠물과 싸우다 일어날
불확실한 확률의 액운厄運을
든든히 방어해 줄 장승이 안녕하다

흑백 진공관 TV 너머
늘 세상을 구원해 주는 로봇처럼
어린 시절의 카타르시스를 녹화하며
푸른 물이 두 갈래로 나눠지듯 드러나는
저 기운 센 천하장사의 위용

등을 기대고 두 얼굴로 마주 선
비녀를 붉게 꽂은 지하여장군은, 으레
서툴게 출항하는 배의 이물 위로
성스럽게 걸리곤 하고

먼 바다를 향해 경계를 서는
굳게 입술을 다문 천하대장군 앞으론
귀향을 서두르는 목선의 엔진소리가
비로소 고요해져 온다

미역이 금줄처럼 널려진 연화리 입구
우뚝 솟은 두 장승은
생의 등대처럼 눈을 껌뻑이며
오늘도 여전히 안녕하다

요산문학관, 그 나무
— 박선봉 노인을 떠올리며

뜰 안의 나뭇가지가, 제법
흉상을 가려 잘라내었다, 위험하게
사다리 위에서 불안한 톱질로
당신을 빛낼 요량이었다

서걱거리는 틈사이로
그동안 기거했던 벌레들이
급하게 이주를 했다, 순간
늘 앉던 새들의 자리도 사라졌다

왜정 때도 불타지 않고 견딘
회나무가 있었다, 서문 밖
소를 잡던 박 노인의 칼끝은
신사가 들어선 당산堂山을 대신했다

멀쩡한 두 아들을 갖다 바친

잔인한 시대의 매질에
애절양*의 울분은 당신의 문장 속
진정한 금줄이 돼주었다

여전히 별 탈 없어야 할 그 나무에
금기를 어긴 대가로, 그날 밤
신열을 앓아야 했던 나는, 꼼짝없이
삼칠일 동안 허리를 동여매야 했다

* '애절양(哀絶陽)'은 조선후기의 실학자 정약용이 쓴 한시임.

수정산*
― 산거족 블루스

부산항을 들쳐 업고, 제법
영도가 어깨를 견주려 하는
마삿등 마을의 골목이 수런거린다

바람결에 떠도는 소문들은
지난밤 취기 어린 푸념으로
산기슭 말간 이슬처럼 머금으며
아이들이 사라진 빈자리를
뭉툭한 고양이의 발톱이
시간을 채워 넣고 있다

사연이 길수록 더 산등성이 타고 올라
눈물처럼 비가 와도
흙이 묻지 않는다는
야트막한 가난의 서사가
담장을 횡단할 만큼 유목의 유전자는

전쟁 때부터 지금까지 유효하다

황 노인의 작대기가, 탁탁
거칠게 산복도로를 진맥하며
부려놓은 물 같은 목숨을 움켜쥐려하지만
세상은 여전히 미로 같은
좁은 길 그 어드메쯤 빠져나갈 구멍으로
협잡이 채색되곤 했다

노인의 아버지와 그 아버지로 마련된
산꼭대기의, 바라뵈는 낙동강으로
슬픈 곡조 속 그 뼈 한마디가
매번 우리의 가슴을 치게 하고 있다

'사람답게 살아가라'

* 요산 선생님의 소설 「산거족」의 배경이 되는 S산으로 추정되는 산 이름.

황령산 봉수대에서

먼 옛적, 나라에 화급한 일이 생기면
맨 먼저 목멱산으로 제 목소리 피워 올리던
산봉우리 굴뚝 위로
멧비둘기 한 쌍, 느릿느릿
세월을 부리고 앉아 있다

콕콕, 찍어먹어야 할 시대의 아픔들은
저 멀리서 속속 불땀으로
하나 둘 번져 오르려 하는데
귀를 막은 그 날갯죽지 사이로
미동 없는 그림자만 유난히 짙다

다섯 화구엔 급한 마음으로
불을 댕겨야 할 마른 장작 대신
차가운 빗돌들이
체념한 듯 바람을 퉁기고

도별장과 봉군烽軍들은
어깨를 견주는 부산포와 해운포의
수려한 눈요기만을 남겨둔 채, 이미
유물 표지판 속으로 사라져 버렸고

위급한지 모르는 변방에는
그저 공중파 첨탑 세 개만이
자본의 높이만큼 뾰족 솟아
화려한 손짓으로
눈먼 백성들과 은밀한 거래를 하고 있을 뿐

멧비둘기 한 쌍, 여전히
세상 안녕한 듯
봉수대를 점령하고 있다

백양산자락을 이어 붙이다

새벽녘, 아파트 입구 편의점을
기습한 멧돼지 소식에 당황한
증거들이 현장에 널브러져 있다

산에 있어야 할 야성을
어찌 이곳까지 옮기려 했는지
지나온 족적이 궁금하다

산자락에서 박살 난 유리문까지는
가늠할 수 있는 세월에 반비례해
난무한 욕망의 뻘밭을 지나야만 한다

 분명 콘크리트로 다져진 단단한 신념과 냉정하게 가로지른 아스팔트의 무거운 침묵, 그리고 골목 담장 높이 견제하는 의심의 눈초리를 무사히 횡단해야 가능한 일이다 이 관문을 통과해야 할 한 생명의 욱신거림이 고스란히 CCTV에 매달

려 전해온다

　매번 등산화 동여매고 역으로
　그 길을 탐문할 때마다, 곳곳의
　그 흔적들을 이어 붙이기란
　결코 쉽지 않았다

新세한도
— 신축 아파트 공사장에서

쉽사리 제자릴 잃어버렸다

수십 년간 대지와 내통했던 사연들도
한마디 상의 없이
포크레인 굉음으로 날아가 버렸다

인정 많고 거짓 없는 이름처럼
구석진 골목을 끝끝내 지켰던
그 아름드리 품세品勢는
더 넓은 신작로를 위해
더 안락한 이웃들의 보금자릴 위해
두꺼운 외피를 내어놓아야 했다

아기 손바닥만 한 잎으로
햇살과 바람을 버무려, 이곳에
든든하게 차려 만들던 그늘은

결국 호랑가시나무들로
일제히 환생을 준비 중이다

보도블록 틈새에 갇혀
인공의 목발에 기대어, 이제는
바다 건너 선흘리 불칸낭
그 후박厚朴을 한번쯤
기억해내야 할 때가 되었다

상계봉* 가는 길

그 길을 따라가다 보면 좌우로 고개 내민 풀꽃만큼 낮은 노랫소리, 희끗한 그림자들이 뱉어내는 살아온 날의 자서전 같은 고집들이 저마다의 지문으로 메아리친다

누구 하나쯤은 허리춤에 차고 있을 울림통, 매번 고개를 접을 때마다 탁탁 발자국 소리에 공명되는 그 길을 걷다보면 따라오는 지난날의 삭히지 못한 빗금들이 가만히 다가온다

제법 흥얼거리는 입술의 선곡에 내 마음 슬쩍 들켜버릴라 치면 두고 온 햇살을 감싸 안은 바람이 그 흔적을 지우며 간다

음표 하나하나에 매달린 옛 기억들이 바스락거리는 긴 리듬에 맞춰 조금씩 눈앞의 봉우리를 향해 기어오른다

* 부산 금정산의 여러 봉우리 중 하나임.

2부

화명華明

 그 이름을 불러 봐요 그러면 후욱, 하고 동쪽에서 밝은 마음이 빛나기 시작해요 저 반짝대는 아랫동네에서 쫓기고 밀려나 태양을 가장 가까이, 먼저 만져볼 수 있는 이곳은 석기시대부터 누울 자릴 다졌던 곳이에요 가파른 오르막이 경이롭게 이어지고 제법 땀을 바쳐야 다다를 수 있는, 화산華山 아래 와석臥石에서 그 이름을 되뇌어요 네모난 콘크리트가 다랭이논으로 층층이 경작되어진 그 꼭대기에서 밑을 내려다 봐요 경적이 울리고 북적대는 숨소리가 지하까지 우글거리는 저곳은, 불과 팽나무 잔가지 하나 쭉 뻗어갈 날보다도 적은 연륜으로 둥지를 틀었었죠 욕망이 욕망을 부추기고 날선 경계가 스스로를 잔혹하게 죄어올 때, 이곳에서 호흡을 가다듬고 천천히 그 이름 불러 봐요 그러면 마음속에 숨어 있던 꽃이 환하게 피어나기 시작해요

기억에 기억을 튀기다
— 당감동 통닭골목에서

진득한 회식 2차 자리, 그 골목길의
폭은 빗방울의 두께에 반비례했다
우산 하나 비집을 틈조차 허용치 않을
생의 각질들이 여태 수거되지 않은 채
제법 고소한 기름옷으로 덧칠한 흰 거품이
세월의 낮은 도수度數처럼 찰랑이고 있다
투명한 유리잔에 비쳐오는 낯선 얼굴
연신 브라보를 외치지만, 그렇지 못한 그림자로
수런대는 테이블 한 귀퉁이에서
파리한 이십 대의 흔적이 발굴된다
늘 빈 주머니들끼리 주일 미사보다
주님을 먼저 외치며 숨어들었던 2층 다락방
분필 가루를 처음 마시던 이방인으로, 더러
주인인 양 행세할 수 있었던 곳
거대한 신발공장이 철거되고
마법처럼 모두가 사라져버린 그 골목에서

피리 불던 동화 속 아저씨를 수소문하다
문득 고향 친구의 누이가 떠올랐다
잔업으로 오빠의 미래를 저당 잡혀가며
지문마저 사라져버릴 그 안간힘의 기억
닭다리 한입 베어 물고 불콰해진 두 눈으로
맞은편 천일 노래방처럼, 자꾸
수출자유지역 후문이 비에 아른거린다

국민은행 당감동 지점

내 손으로 일군 첫 통장으로
삼십 년을 거래한 은행 창구에서
엄마와의 영원한 이별의 시간을 정하라고
재 촉 했 다

한 번도 그런 불경한 생각을, 아니
애써라도 해 본 적 없었었는데
슬픈 십 년 전, 매달 용돈의 행방이
'아버지와'에서 '엄마만'으로 바뀌긴 했지만
순간, 떨어지지 않는 입을 대신해
지난한 생의 굴곡이, 울컥
펜을 쥔 손끝 지문의 물음표로
전 해 왔 다

시동생 많은 집에 시집와
가지 많은 나무가 늘 바람을 불러오듯, 대체

엄마만의 고요한 자리는 언제였을까?
쓰러진 아버지를 대신한 생활의 전선에서
뒤 한번 돌아볼 수 없던 그 시절, 과연
엄마만을 위한 시간이 버텨주기나 했을까?
오로지 묵주로 세월의 파편을 막으려 한
팔순 가까운 엄마의 앞은, 왜
어둑하게 잘 보이지 않는 것일까?

은행 문을 나서며 이십 년 뒤 다시 오라는 재촉이
간 절 했 다

수화기 너머의 그 목소리

아파트 입구, 아직 철거되지 않은
공중전화 부스가 낯설다

깨어진 유리 사이로 꽃샘추위가
검은 고양이처럼 웅크리고 있었다

습관적으로 고향집 번호를 누르자
줄 끊어진 수화기를 따라
당신의 목소리가 혈액을 타고
심장을 뛰게 했다

학창 시절, 바닥난 곳간으로
조심스레 돌리던 다이얼 너머
단 일음절의 흔쾌한 수락은, 아마
전화요금보다 덜 아까웠을 게다

처음으로 직장을 구했던, 이곳
남도 항구도시에서의 들뜬 마음을
뚜 하는, 단 두 음절 뒤의 통화음으로
대신 축하를 했을 게다

별 하나가 기어이 밤하늘 저 편으로
건너간 적이 있었다

지상에 남겨놓은 당신의 화법
지금도 문법적으론 유효하다

덕포동 시장 골목길

교단에 처음 서던 해
남도 제일의 항구도시에 몸 붙인 그해
개나리마저 낯설게 다가오던 봄날
외고모 할아버지의 골목은 너무 깊었다
이십여 년 전 기억으로 어머니 없이 찾기란
수소문해야 할 지난날이
햇빛 한 줌 그리울 쪽방으로 이어졌다
김수영을 닮은 만큼 양계장을 하셨던
그 절집 아래 비탈동네는
학교 교감 자리를 박찰 만큼
詩적으로 호락하지 않았다
주름처럼 갈라진 방바닥을 등지고
돌이킬 수 없는 생의 갈림을
가만히 응시하는 눈동자엔
외고모 할머니의 여윈 실루엣이
슬쩍 건넨 용돈의 무게로 버티고 있었다

귀 얇은 나처럼 살지 말라며
끝까지 분필을 놓지 말라던 그날의
그 또렷한 침묵은 돌아서는 내내
지금껏 귓가를 서성이고 있다

'마'*의 결기

수업 시간에 무작정
책상을 베개 삼는 아이에게

쉬는 시간 후미진 담벼락 아래
슬쩍 담배를 움켜쥔 그 아이에게

야자를 째고 그날 사직구장에서
내가 하고 싶은 말을 외치던
TV 화면 속 바로 그 아이에게

돌연 나는 상대 팀 투수가 되어
견제구를 날리고 있었다

부동의 자세를 노려보며
더 나은 베이스를 쟁취하기 위해

그라운드가 들썩이듯 연대하는

수많은 그 아이들의

뒤끝 없는 짧고 담백한 함성

한때 시월에서 유월로 거리거리를 메운

짠내 가득한 갯가 사람들의 함축적 결기

불온한 아이들이 불의의 시대에 외치는

검은 광장의 언어

나도 모르게 마운드에서 내려와

그 아이들과 함께한 배냇말, '마!'

* '마'는 부산 사람들이 즐겨 쓰는 말로 '임마', '하지 마' 등 여러 의미 등을
  나타냄.

돼지국밥을 탐하다

추운 맛과 뜨거운 맛이
누구나 저마다의 영혼을 달래줄
뚝배기 한 그릇으로, 지금
식탁 위에 즐비하다

부추가 아닌 정구지가 더 맛깔나는
진득하게 묵힌 김치 한 조각에
윤기 환한 고기 한 점이
풍성한 입안을 마련하는 사이
토렴한 밥알들이 이내
주린 위장을 데워준다

거친 노동이 더할수록
굵은 땀방울이 생의 필요조건이 될 때
양념 다대기는 더욱 얼큰하게 풀어지고
가난이 만들어 낸

후추 같은 갯가사람들의
성질머리를 닮아간다

후후 불며 뜨는 한 숟가락 국물
짠하게 식도를 맴돌며, 퇴근길
한 잔 소주를 불러올 때
비로소 부산 사람이 된다

구포 삽화 1

메리를 보았다

온 마당을 뛰어놀던 모습과 달리
도망 나온 차도에서 목줄로 질질 끌려가던 메리
투박하지만 비와 한기를 막아줄 집도 없이
뜬창에 갇혀 겁에 질린 눈망울만 배설하던

메리를 만났다

동네골목을 요리조리 숨바꼭질 하던 추억 대신
술래가 필요 없는 수많은 메리들이
거간꾼 혓바닥 아래 웅크리고 있다
사라진 메리가 소고기로 둔갑한 그날 저녁 밥상
아버지의 거짓말은 껍질을 발가벗긴 채 전시된
오늘 오일장에서 새삼 밝혀졌다
서둘러 빠져나온 미로 입구, 밀려드는 메스꺼움을

나는 한 잔의 소주로 털어 넘겼다
사시미 칼에 깨끗이 잘려나간 그 농어 한 점과 함께

메리와 헤어졌다

구포 삽화 2

국수는 봄비에 불어 툭툭 끊기었고
시장 골목귀퉁이에 하염없이 앉은 나는
울컥대는 허기의 기원을 따져보았다

구포 만세길을 갈지자로 걸어오기 전
먼 기적처럼 불쑥 찾아온
지기知己의 술잔이 떠올랐다

역 앞 식당은 여전히 시끌했고
독한 배갈로도 위로 못할
슬픈 눈망울이 연하게 비쳐왔다

있어야 할 생의 한 축이 기우뚱거리고
어쩔 줄 몰라 하는 왼쪽 발목은, 이제
남은 날들을 버텨야 할 유일한 거처

꺼질 듯 날숨은 다음 역을 향해 떠나는
열차 굉음에 소리 없이 묻혀가고
새로이 부은 큰 잔의 거품을 한껏 걷어내며
손으로 집은 만두를 서로에게 건네었다

창밖으로 쏟아지는 비를 뒤로하며
우산 없이 떠난 그의 발자국을 가늠해보다
지독한 공복감이 강바람으로 메아리쳤다

범일동 엘레지

큰딸 아이의 집이 강제철거 되었다
이십세기 마지막 해에 분양을 받아
채 열 달도 채우지 못하고
좁은 문을 박차고 나온, 그곳은
범일동 자유 시장 근처
그날은 정확히 4월 19일, 아내는
그 집에 대한 미련이
혁명처럼 나와의 만남으로 수렴되었다한다
그해 여름보다 더 뜨거운
남해 백사장에서의 손길에서부터
펑펑 쏟아진 함박눈보다
더 하얀 면사포의 기억까지
흐릿한 흑백의 증명사진이
꼬물거리는 애벌레처럼 인화되었던
범일동 자유 시장 근처 그 낡은 집이
기어이 토지대장에서 말소되었다

3월 15일, 그날은
큰딸 아이보다 아내의 눈물이
더 진하게 떨어진 날이었다

여름, 내게 온 선물
— 거제동 가정법원 후기

새 아내가 배달되었다

이십 하고도 수년을 더 넘긴
그간의 끈적한 살붙이 사랑은
함께 간 법원의 대기실에서, 잠시
그 흔적을 털어냈다

한 획 한 획 눌러 담은
몇몇 글자의 손놀림에 이끌려
아내는 오십 평생의 지문이
이제 달라질 거라며 울컥했다

다시는 착하게만 살지 않을 거라며
불편했던 생의 한 조각 떼내버리며
옥편에도 없던, 늘 주변의 눈치를 봐야했던
앞 글자와도 결별을 선언했다

익숙함에 길들여있던 나는
말없이 고개를 끄떡이며
그녀의 손을 꼭 쥐어주었다

우편함으로 날아들 소식을
조바심으로 애태우던 날
마침내 아내가 돌아왔다

아직 입에 익지 않은 그 이름으로
그녀가 배달되어 왔다

당감동, 그 절집

거느려야 할 식솔들이 하나둘 생겨날 때마다
버텨내야 할 번민들이 생의 구석구석 만지작거려질 때
낡은 묵주처럼 염주를 물끄러미 쥐어본 적 있다

백두대간의 끝자락, 백양산 골짜기에 서린
원효의 가피加被를 지극한 불전에 의탁하려 할 때
오래된 성경처럼 반야심경을 읊조린 적 있다

초로의 주지 스님 독경이 이슥한 밤,
소쩍새 울음으로 처마 끝 풍경을 두드릴 때
성호를 긋듯 깊은 합장을 한 적 있다

고목에서 피어난 이파리가 절 마당으로 열반할 동안
메마른 입술로 잘게 마찰되는 간구를
성모 마리아처럼 관세음보살의 후광에 기댄 적 있다

돌층계를 휘감는 적요寂寥, 일주문의 거리만큼

낯선 일상의 궤적 속으로 오체투지하다

세례명처럼 얻은 법명, '普照'를 짧게 되뇌인 적 있다

삼광사 아랫마을에 관한 기억

더 이상 오르지 못한
절집 아랫동네 골목은
미로다

출구를 찾을 수 없는 담벼락에
기생하여 꽂혀있는
의문 부호들

그 옛날, 아비의 아비가 밤늦게
마시고 버린 소주병과
그 아비의 어린 시절 조르고 졸라
얻은 먹은 환타병이
세월의 마침표로 찍혀있다

햇빛 찰랑거리는 오후, 더욱
반짝여야 할 식구들의 서사가

녹슨 철제대문 안으로
생의 철거를 맞이할 무렵

이 빠진 장독을 툭 건드린
까만 고양이 한 마리가
익숙한 침묵을 깬다

마악 산에서 내려온
이미 술맛을 아는 한 사내가
그 탄산의 기억을 붙잡고
먼 고향을 발굴 중이다

화명동, 붕어를 찾아서

며칠 사이 차례대로 한 마리씩
붕어가 실종되었다
날씨가 쌀쌀할수록 활동반경을 넓히던 습성이
언제부터 바뀌었는지 모르지만
어둠이 짙을수록 환해지는 꼬리지느러미가
결국 가던 발걸음을 붙잡았다
항구도시의 가장자리 동네, 아득한 갯내음 대신
먹이를 찾아 집 주변을 몰려들던 서식지는
이미 포화상태다
물컹, 씹으면 터지는 내장 속엔
세월을 유영하던 콩팥의 단맛이
지난 추억을 산란하고 있다, 여전히
겨울보다 더한 동심이 외투를 여미며
쫭쫭, 한기어린 실루엣으로 박제되는 시대
긴 그리움의 낚싯줄은 차마 펼쳐지지 못한 채
하얀 마스크 속으로 임대 문구만이

비늘처럼 선명한 귀갓길, 그 자리에
또 한 마리의 붕어가 갈 길을 잃고
납작 엎드리고 있었다

울컥, 사십계단
— 두 분의 소설가를 기억하며

오르는 것보다 내려갈 일이 더 힘겨운
생의 끄트머리에서
다시 한 번 근육의 꼿꼿한 힘줄 불거지도록
얼음물 뒤집어쓰며
소름 돋는 열망을 토했던 그 자리

원고지 한 칸 벗어날 힘마저 소진한, 그
선배를 위해 마중물을 부었던 그가
먼저 계단을 내려갔다
누구보다 목소리에 간절함이 묻어났던 그가
소설처럼 피난을 갔다

변치 않을 악사의 아코디언 음계에 맞춰
마로니에 잎사귀가 몇 번의 얼굴을 붉히는 사이
훌쩍 그 길을 선배도 따라 나섰다
일어나지 못하고 누운 채로, 성큼성큼

3부

그날 이후
— 이십 대의 비망록

 손가락을 깨물면 쏟아질 줄 알았던, 붉은 마음을 그녀에게 보내고 싶었어

 그날 밤비 소리엔 비릿한 습기가 찐득하게 묻어났지 등 뒤로 돌아서는 낯선 시간 속에 견고했던 우리들의 다섯 해가 증발해버리고 오목교 다리 길이만큼나 휘청이는 발걸음은 새벽 부산길을 재촉해야 했어 버스의 검은 차창은 지난날 영상을 끊임없이 재생하며 커튼을 적셨고 라디오에서 흘러나오는 몸이 멀어지면 마음도 멀어진다는 값싼 유행가가 가늘게 어깨를 떨게 했지 최루탄이 낭자하던 학교 광장에서 함께 자전거로 계절을 달리고 몇 권의 시집으로 시대의 울분을 손깍지 끼며 내일로 약속하던 실루엣은 이제 청춘 저 편에 있어

 '사랑'이란 흔한 두 글자 면도날로 베어가며 한 획 한 획을 적셨던 낡은 서랍 속 순하디 순한 마음, 삼십 여년이 넘도록 여태 꺼내보질 못했어

부산, 1993년 가을

내일 받을 수능 감독수당을 오늘 안으로 다 써야 해
스물다섯의 나는 낯선 도시 툭 트인 중국집에서
각각 한 살 터울의 송과 김을 어김없이 만나
차려진 요리보다 더 기름진 얘깃거리로 안주를 대신했어
가끔씩 노랗게 씹히는 교장 교감의 뒷담화와
까도 까도 나오는 양파 같은 아이들의 앞담화들
교단에 함께 첫발을 내디딘 인연이
서로의 든든한 씨줄이 되어주고
처음이라는 독한 배갈의 여백이
날 것의 날줄로 엮이어, 잠깐이라도
세상을 가려줄 장막처럼 우리를 위로했어
취흥이 자연스럽게 안내한 서면 뒷골목 포차
낯빛보다 더 붉은 알전구 아래서 만나기로 한
유일한 삼십대, 권의 연거푸 쏘아올린 술잔을 연대하며
모두가 처음 받을 수당을 오늘 안에 다 쓰기로 했어
아내와 곧 태어날 아기가 있는 권의 취기로, 우리는 결국

자정을 훨씬 넘긴 시간을 걸어 그의 여관으로 향했어
아니 그의 자형이 주인인 집을 향했어
범일동 육교를 갈지자로 건너는 순간
소방서에서 급히 나오는 불자동차를 지켜보며
우리는 방광이 부풀어 오름을 느꼈어
활활 타오를 불길을 떠올리며 시원하게 포즈를 취하고
각자 같은 방으로 의기양양하게 들어갔어, 그리고
방 안의 개미가 더 이상 나오지 않을 때까지 마셔댔어
다음 날 새벽, 어제의 그 매혹적 일탈을
서둘러 호주머니에 구겨 넣고 수험생인 양
다시 학교를 향해 뜀박질을 시작했어

OB집에서 靑山을 찾다

양정시장, 179번 버스 정거장 맞은편
밤이 더할수록 붉은 빛이 요란한 골목 구석으로
靑山이 역설적으로 밑줄 그여 있다

교과서대로 풀리지 않는
막걸리 같은 생의 시큼함이
순대 몇 점으로도 점칠 수 없는, 別曲을
부르기엔 우리들의 시간이 너무 짧았다

어디로 가야 하나
먹을 것 없는 마을에서, 더 이상
돌에 맞아 울지 않아야 할 아이들을 위해
거품 같은 침을 튀기며
세 병의 맥주로 자정을 넘겨야 했다

가슴골 훤히 내비치는

중년의 여주인에도 아랑곳하지 않고
사슴이 장대에 올라 해금을 켜는
지금 여기의 불가역적 상징에 대해
갓 빚어낸 독한 술처럼 선배 선생과의
입씨름은 그날 매상과 반비례했다

세 번의 강산이 변한 오늘 그 자리
후렴구처럼 OB집은 사라져 버리고, 靑山은
여전히 나 홀로 두리번거리게 하고 있다

지금, 우리는

사람들 얼굴이 사라졌다

서로를 의심하는 눈빛만 남겨놓고
발 없는 소문에도 놀라
제 발자국마저 실종되어버렸다

수상한 시절 병든 그림자처럼
비밀스러운 말들이 유령처럼 떠돌고
세상은 스스로 쳐 놓은 덫에
꼼짝없이 갇혀버렸다

따뜻한 손을 건넬 마음도
문을 열어줄 환한 용기도
함께 다정히 감싸 안을 품마저
세기말 구덩이 속에, 모두
매장되어버렸다

눈 시린 하늘은 더욱 푸르고
여전히 은행잎은 샛노랗게 물들고
별들도 제 갈 길을 밝히며, 오롯이
역설처럼 시대를 증언하고 있다

'그물을 가지고 구름을 잡으려'*는
지난날 숱한 미망迷妄들은
패인 주름을 결코 펼 수 없음을
비로소 깨달았다

사라진 얼굴들이, 다시
서로를 태어나게 할 수 있다

* 인용된 부분은 요산 김정한 선생님의 소설 「오끼나와에서 온 편지」에 나오는 한 구절임.

서면 교차로에서
— 4월 27일

北에서 내려온 손님과, 南에서
올라간 손님이 만나 걷던
도보다리가 주인공이 되던 그날

끈적한 핏줄의 돌기처럼
정체만 거듭해온 역사처럼, 갇혀버린
교차로 차창 너머

흰 광목에 붉게 쓰여진 '평양관광'
그 아래로 '매일 출발합니다'가
훅 하고 푸르게 끼어든 그날

순간, 금단의 열매를 따고
수십 년간 쳐놓은 바리게이트를 깨며
달려가고 싶은 욕망이 물컹거리는데

정주행을 강요하는 신호에 슬며시

옆 차가 비켜날 즈음, 보이던

아, 바로 그 '태'란 글자

이곳, 부산에서 세월을 외치다
— 세월호 참사 9주기를 맞아

그날, 진도 앞바다의 수상한 안개처럼
석삼년의 기다림에도
4월의 봄꽃은 여전히 망울을 틔우지 못하고
이곳 부산에서 팽목항까지, 그리고 안산까지
달려도 닿지 않을 세월의 잔인한 흔적들이
지금 우리의 달력에, 매번
하루하루의 날짜로 지워지고 있다

꽃다운 청춘들이 꼭 돌아오길
단호히 바라던 그 리본의 노란 결기는
이제 하얗게 바래어 가고
수많은 별들이 왜 차갑고 무서운
바닷물 위로 떠올라야 하는지
집요해야 할 물음표들도, 점점
부표를 잃고 있다

더 이상 앞이 보이지 않을 것 같은

황사로 몰아치는 눈물을

진정시켜야 할 분노로 잘게 다져가며

반드시 인양되어야 할 거룩한 진실을 위해

지금

바로

여기서

명멸해 가는 한 명 한 명의 어린 영혼들을

우리는 다시 목놓아 불러야 한다

노르웨이 숲 옆 푸르지오

> 불완전한 사람들이 불완전한 세계에서
> 불완전한 방식으로 살아간다.
> ― 무라카미 하루키의 글 중에서

비틀즈의 노래를 부르며
노르웨이 숲 옆으로 이주를 했어요

평평한 저 아랫동네에서
제가 발 디딜 곳은 없었어요

잠자리를 같이하는 여자와 새끼들을 데리고
매번 유목민처럼 떠돌아야 했어요

비옥한 땅이 자본으로 전제되는
젖과 꿀이 흐르는 신도시의 유혹이
매번 발목을 잡으며 속삭였죠

자, 문을 열고 나서봐, 뭐든지 얻을 수 있어
달보다 환한 저 불빛과 화려한 간판이
네 영혼을 살찌울 거야, 그래
잠까지 줄여가며 더 힘껏 일해 봐

하지만 편하게 누워야 할 방마저
주인의 단 한마디에 빼앗겨버리는, 밤마다
그때 노래를 들었어요, Norwegian Wood

우리가 얼만큼 호흡하며 살지, 무엇이 참 기쁨이고 행복인지
상실의 시대, 동쪽 숲 바로 너머 이곳에서
이 노랠 꼭 부르고 싶었어요

그날, 서면 광장에서

나는 보았다
병뚜껑에서 솟아오르는 짜릿함을

그날은 비가 내렸고
서면의 심장은 여전히 뛰고 있었다
아스팔트는 한 치의 불의_{不義}도
빠져나올 수 없을 만큼 빼곡했고
어깨와 어깨가 부딪치는 틈 사이엔
낯선 동지적 사랑이 움텄다

그리고 나는 보았다
술잔과 맞닿은 탐스런 붉은 입술을

연단에선 사람들의 비장한 목소리가
연신 귓가를 적시었고
속에서 치밀어 오르는 상식_{常識}의 침들이

낙하하는 빗물과 시원하게 부딪쳤다
다치지 않을 촛불만큼 감싼
신문지의 거대한 반동은 시대를 재촉했다
어질러진 함성이 일제히 자리를 박차며
정돈된 구호로 빌딩 사이를 더듬었고
조막손에서 굵은 주먹까지 내지른 허공은
다가올 당위當爲의 역사로 주름졌다

바로 그 어름으로 재생된 옥탑의 한 광고가
자꾸 취한 듯 내 망막을 흐리게 했다

덕천동, 횟집에 앉아

때를 놓친 한 끼 밥상을 위해
찬바람 부는 만큼 발을 들이지 못하다
겨우 마음을 내려놓던 날, 나는
옆 테이블에서 들려오는 한마디 말에
그만 울컥하고 말았다

어릴 적, 할매는 내가 양파보다 더 싫어했던
어시장 난전의 흔하디 흔한 전어를
뼈째 썰어 한 종지 붉은 마음으로, 쓱쓱
깨보다 꼬신내가 더 진동하는
양푼이를 내게 스윽 내밀었다

매운 그 맛보다
비릿한 그 냄새보다
이빨 사이로 씹히는 서걱거림보다, 왜
흰밥에 비벼 먹어야 하는지

손사래 치며 대문 밖으로 달아난 적 있었다

급히 전어 횟밥을 점심으로 뜨는 순간
"초집이 참 맛나네, 단디 찍어 무라."
초로의 아지매들이 주고받는 억양 속에
할매의 그때 그 붉은 말투가, 새삼
왜 한입 가득 차오르는 거였을까

아나고*의 힘

살육이 계획된 하얀색 도마 위로
붉은 장갑의 손놀림이 거칠다
소금기 서걱이는 남도의 바람은
몇 차례 비릿함을 감내하며, 여전히
선창 포구에서 자맥질 중이고
형형한 눈동자에 박힌 날선 송곳은
역사 같은 등뼈를 도려내는 버팀목이 되어
수면의 정적을 깨뜨린다
마지막 숨통마저 끊어져도, 끝까지
버둥거리는 생에 대한 끈적한 오기
번득이는 칼날 아래로
지난날 증거들이 내장처럼
수돗물에 실려나간다
질서 있는 식감으로 정렬된
아나고 껍질이 타들어 갈 무렵
아름다운 꿈을 꾸었던 그 구멍을 향해

긴 꼬리는 끝끝내 요동을 친다

필사적인 10월의 어느 날

칠암 바다가 보이는 한 노천 식당에서

* 아나고는 혈자穴子의 일본말로 모래에 구멍을 파고 사는 뱀장어의 일종
  으로 우리말은 붕장어라고 함.

자갈치 곰장어傳

천마산 달빛이 영도 다리로 숨어들어
갯물을 질겅질겅 씹고 있는 야음
난전을 토닥이는 영롱한 술잔 몇몇이
그의 몸부림을 가만히 응시하고 있다

이미 민주공원에서 소주 한 잔 벌컥이며
시와 혁명을 강연한 老시인의 일갈이
껍질이 벗겨진 채로도 반나절을 버틴다는
그의 생명력으로 환생했다

죽음을 가리키는 피난시절, 저 건너
바라다뵈는 달동네에서 탁발을 하며
먹을 것 없이도 두 달을 견딘다는, 그의
깊은 인내를 경전으로 삼았다고 했다

앞이 보이지 않는 시대, 아니

두 눈이 멀어 세상을 몸으로 더듬을 수밖에 없는
오돌토돌하고 신산한 그의 몸보시에
상경할 기차 시간은 자꾸 더뎌져 간다

부당하고 더러운 것들 앞에서
깊은 바다 청정심淸淨心을 화두로 붙잡은 그에게
모두들 고개 숙여 게송처럼
이별의 부산 정거장만을 계속 되뇌고 있다

갈맷길, 당신만큼의 동행

그날, 제법 길을 걸었다
함께한 거리를 생으로 환산하자면
무뚝뚝한 사랑의 방식으로 풀어야겠지만
오월의 순하디 순한 하늘처럼
송도 바닷길은 아이러니하게
얼마 남지 않은 당신의 복선이 되었다

그날은 어버이날이었다
아장아장 걷는 딸아이보다, 계속
뒤에서 발걸음을 만지작거리던
당신의 불편한 기색을
시원하게 개통된 남항대교의
무수한 인파들은 헤아리질 못했다

그날 나는 시를 낭송하였다
고향 같은 찐득한 갯내가 유년처럼

당신으로 떠올라, 문득
코끝을 찡하게 스치는 데자뷰가
행사 말미의 노래 공연으로
알맞게 함축되었다

두 발로 이 지상에 서서
마지막으로 당신을 기억케 하는 여기는
바로 갈맷길 4코스 제1구간

나무들이 합장하다
— 금정산 중턱에서

지금
금정의 나무들은 하지정맥류를 앓고 있다

둥글게 생을 그리며 제 몸 일으켜 세우는 만큼
바들바들 떨며 안간힘을 쓰는
저 뿌리의 힘들
뾰뾰하던 새떼들의 연한 고요가 사라지고
여전히 해는 그 자리에 시들어 버리자
어둠을 재촉하는 수많은 하산의 발걸음들, 유독
그 도드라진 실핏줄을 꼼짝없이 짓누른다
매캐하게 기어오르는 안개는, 슬며시
뱀처럼 달라붙어 하나 둘 살갗마저 조여 오는데
순간 갈가마귀 한 마리 날아오르고
기다렸다는 듯
굴삭기마냥 파헤치며 달려오는 네온불빛

금정의 나무는 더 이상 서질 못하고
정한수 금샘에 떠놓고 무병장수를 기도 중이다
모두 입술을 깨물며 합장 중이다

밤의 기억법
— 초읍, 원당골의 그날

단전이 예고되었던 그날
모든 집들의 창엔 밤이 찾아왔다

어둠이 방안을 메우고
켜켜이 쌓여 갔다

무엇을 해야 할지 몰라, 서둘러
눈을 붙이려는 사람들

침묵은 이미 거미줄처럼
방바닥으로 타고 내려앉았다

길들여지는 시간 속으로
아른거리는 벽지의 무늬

물방울과 꽃잎의 환영이

머리맡으로 교차했다

익숙함은 이내, 촘촘한
밀도로 생을 움켜쥐었다

'아닐세! 라는 용기는
가장 훌륭한 살해자'*

무명을 거부한 1970년 11월 13일

비로소 방안 촛불이
검은 습도를 한입씩 베어 물었다

벽면의 진실을 밝혀줄
그날이 떠올랐다

* 전태일 열사와 니체의 말 중에서 따옴.

가만히 있으라
— 이태원 참사, 서면 추모광장에서

"가만히 있으라"
이 환청은 우리의 달팽이관에 달라붙어
지금도 세상을 조종하고 있다

저 먼바다 좁은 수로에서
그리고 도심 한복판 좁은 골목에서
그 또래의 또래들이 또다시
십 년도 채 가시지 않은 잔혹한 세월 앞에
하늘의 별로 도드라졌다

차가운 바닷물이 점점
기도를 적시며 숨을 들이키지 못할 때
꽉 막힌 답답함이 조금씩
심장을 조이며 숨을 내뱉지 못할 때
차곡차곡 쟁여오는 무서움 앞에
덥석 잡아 줄 그 누구의 손길은 없었다

어린 영혼들을 놓쳐버린 그때의 핏줄들은
몸 뉘는 것조차 미안해
방방곡곡을 누비며 진실을 찾으려
수많은 조문을 눈물과 단식으로 답하였다

여전히 "가만히 있으라"
얼굴도 이름도 모른 채
한 송이 국화꽃으로만 슬픔을 대신해야 할
지금, 우리는 왜 이 기시감을
다시 강요당해야 하는가

살기 위한 몸부림이 옆 사람을 죽일 수밖에 없는
통곡의 벽, 그 헤어 나올 수 없는 통로에서
이태원, 그곳은 영원한 이방인의 거리

코스튬 분장의 어린 시절을 추억하며
아름답게 꿈꿀 생의 미래를 기억하며
모두의 손에 달콤한 사탕을 나누고 싶은
오늘은 그대들이 다시 태어나야 할 날이다

4부

수선집에 관한 고찰

 신시가지 귀퉁이, 서로 이마를 맞대고 실핏줄처럼 호흡을 이어가는 골목으로 접어들면 유독 수선집이 즐비하다 수선집이 많다는 것은 가진 것이 적다는 것, 하지만 새것에 대해 내 것을 지니려는 작은 반동反動의 시작일 수 있다 빳빳한 지폐가 우리의 짠한 추억까지 매입하며 기억의 상실로 유혹하지만, 그래도 지난겨울 걸쳤던 외투의 헤진 기억을 다시 박음질한다 늙은 재봉틀이 그 사연들을 찬찬히 돌려가며 모르스 부호처럼 수신한다 또 한 번 줄어드는, 욕망만큼의 소맷단이 수선집 바닥에 흥건하다

 이 단골집을 드나들 때마다 나의 영혼은 새롭게 태어난다

해리미용실 화명 7호점

해리가 누군지 모르지만
우리 동네에만도 두 곳이 있지만, 단지
훤한 이마에 따뜻한 가위질로
슬쩍 건네는 그 인사말에, 자꾸
까끄리 아재가 거울 속으로 걸어 나온다

구식 라디오에서 늘 트로트가 풍겨 나오고
헐벗은 무학소주의 달력이 농염한
단 한 번도 간판이 바뀐 적 없는 우리 뒷집
폭포이발소 주인장

널빤지를 의자에 얹고 연한 머리를 맡길 때부터
교복 색과 달리 빡빡 바리깡으로 밀릴 때까지
한 뼘 머리칼을 끝내 지키려 했던 그 시절, 결코
닳지 않을 다이알 비누의 거품이 가시고
신공처럼 수건으로 머릴 털어주던 인간 드라이기

그 하얀 가운의 까끄리 아재가
포마드 기름 진한 향기를 날리며
해리와 마주 서 있다

이미 아스팔트 밑으로 함께 순장돼 버린
그때 그 기억들, 지금
폭포처럼 사각대는 쇳소리로 환생하고 있다

랩소디 인 골목길
― 코로나 팬데믹

우리 집 뒷베란다가 훤히 올려다 보이는
골목 삼거리, 3층 건물 하나가 자리해 있다

1층 갈빗집 연기가 사라졌다
2층 노래방의 노랫소리도 끊겼다
꼭대기층 절집 목탁소리도 들리지 않는다

그림자와 그림자가 결코 겹치지 않는
이 경계의 시대

월북 진위를 따지는 저 먼 38도선의
팽팽한 소식만이, 맞은편
전자랜드의 화면을 꽉 채우고 있다

지칠 줄 모르고 첨탑을 쌓는 교회 공사는
바로 옆, 하늘로 향해 있다

집 뒷베란다에서 훤히 내려다보이는
삼거리 골목, 사람들은 모두 사라졌다

휑한 길냥이 울음만이 긴 적막을 메우고 있다

성지곡 수원지

햇살을 가두고 하늘을 향해
쉼 없이 오른 편백扁柏의 노동이
거대한 군락의 발화점이 되었다

제방의 물길이 어디로 흐르는지
힐끔힐끔 목을 내밀며 그려낸 나이테는
벌써 백 번의 원심력으로 시도되고 있다

이민족을 위한 생명수가 마련된 거처
강제 이식한 역사 속으로
뿌리를 내리기란 결코 쉽지 않았을 게다

한 뼘씩 식민의 아픔을 속죄하며
고백하듯 뿜어내는 피톤치드는
오늘의 숨결을 바로잡는 성사聖事이다

그 키 높이만큼 이어진 순례길
변하지 않는 기도의 꽃말처럼, 저만치
물의 지문들이 성큼성큼 찍혀오고 있다

송정, 그 바닷가

파도는 마스크를 쓴 채
입을 다물고 있다

정자를 에워싼 죽도의 솔들이
그렁대는 해수의 천식을 틀어막는 사이
고깃배 불빛이 나뒹굴고 있다

두 번 강산이 바뀌고 더 지난
아내와 생을 약속했던 그 자리엔
노을 대신 네온사인이 휘황하다

기억처럼 끄집어낸 그때의 속엣말은
삐죽 솟은 콘크리트에 메아리치며
자동차 굉음에 파묻혀 버린다

가끔씩 기적을 일으키던 동해남부선은

세월에 입도선매되어, 결국
진통제로 버티던 추억마저 앗아간다

마스크를 벗지 못한 송정 앞으로, 지금
욕망에 갇힌 비말들이
낯선 수음手淫을 즐기고 있다

진화하지 못한 우리들 느낌표가
지구별 한 귀퉁이에서
소문 없이 자가격리 중이다

안녕, 구덕야구장

철거 명령이 붉게 떨어졌다

서대신동을 환하게 지켜온 조명탑이 결국 잘려 나가고 크레인은 난쟁이가 공을 쏘아 올릴 공간마저 허락지 않았다 불혹을 훨씬 넘겨 버린 세월의 주름 앞에 수없이 각인된 저마다의 간절한 서사가 포클레인 굉음 속으로 빨려들었다

펜스 너머 아파트 쪽으로 연신 백구白球를 날리려는 타자들의 안간힘에 일백여덟 개 붉은 번뇌의 행방을 찾기 위한 외야수들의 재재바른 발놀림이 관중들의 환호와 탄식을 일으키던 곳,

하얗고 푸른 교복이 절묘하게 쌍벽을 이루며 명승부를 연출하던 그라운드 가장 높은 곳에서 내리꽂는 강속구로 끝내 승리를 지켜낸 그해 한국시리즈 영웅의 금테 안경이 빛났던 곳,

마침내 유니폼을 입고 객석이 아닌 3루 베이스를 지키며 결승에서 만난 상대의 무차별적 공격을 온몸으로 막아낼 때 문

득 매표소 입구 늘 마시던 자판기 커피 맛이 떠올랐던 곳,

  최초라는 근대의 수식어가 식민의 불행한 역사로 태어났지만 우리 생의 에너지로 시대의 피와 근육을 만들었던 바로 그곳,

  하지만 명령은 일사분란했고 한순간이었다. 안녕

호모 플라스티쿠스
― 다마트를 다녀와서

'밥' 코드가 호명한 일용할 양식을
쓸어 담는다

쉽사리 간편하게 위장으로 배달할
용기에, 나는 이미 호모 에렉투스

끝없이 위로만 치솟는 엘리베이터 속도에
허기진 욕망이 군침을 흘린다

벌써 쓰레기 종량제 봉투 속엔
저녁거리로 가득하다

 그 봉투를 해파리로 착각한 붉은바다거북과 콧구멍에 빨대가 박혀버린 또 다른 거북이와 뱃속에 녹지 않은 플라스틱으로 공중 분해돼버린 알바트로스가 오늘 식탁의 메인 메뉴

나는 배설의 포만감을 만끽하며
후식으로 TV 리모컨을 까딱인다

다큐멘터리 자막으로 흐르는 바다의
짠한 몸살을 함께 아파한다

별을 기억해야 할 아침

이미 건널 수 없는 강을 건넜댔죠, 무슨 의미인지
— 강허달림의 노래 <미안해요> 중에서

해장국 한 숟가락마다 건져지는 취기 속으로
어젯밤 별 하나가 불쑥 배어들었다

식당 아지매들의 제문祭文같은 수군거림은
양념처럼 혀로 감기었다

새파랗게 달콤한 나이에, 무슨 쓰디쓴 일 있었기에
얼마나 매운 마음으로 그리했는지

건너편 빌딩의 후미진 자리로
서빙하듯 눈길을 던진 오늘 아침

신도시 불빛이 마스크를 걸친 채

별빛을 감추며 나를 포획했던, 그 시간들을 기억해냈다

사건 현장에 꼭 다시 나타난다는 범인인 양
서둘러 그 별의 잔해를 찾으려 나섰지만

이미 지워진 증거 대신 쇼윈도의 핸드폰들만이
세 개의 별로 요란스럽게 환생하고 있었다

매일 아침 7시 45분이면

노란 꽃이 어김없이 만개한다

매번 불법유턴을 감행할 수밖에 없는
좁다란 도로 한 귀퉁이
막대한 소음은 뿌연 먼지로 지펴지지만
한 줌 햇살은 그래도
보도블록의 틈새를 색출해 낸다

어눌한 발음과 어여쁜 수화가
오늘 내린 서리보다 더 시린
한때의 절망을 뛰어넘으며
두 손 꼭 잡은 피붙이의 질긴 인연이
노란 꽃잎들로 피어나려 한다

출근길 차창 너머
늘 같은 자리에, 수년째

쑥쑥 자라나는 맑은 눈동자의 기다림
세상은 디딤발에 흔들리기도 하지만
버스에 오를 때마다 하루가 환하게 열린다

오늘도 그 노란 꽃을 조심스레 뒤따른다

고해
— 아침햇살에게 미안하다

누운 자리를 박차고 나온 길은, 늘
빛과 어둠이 나란히 서성인다

지난밤 야합을 꿈으로 자위하고 새날을 맞기 위해선
금정산 아랫도리에 찍힌 태양의 지문을 읽어내야 한다

하지만 언제부턴가
동튼 햇살의 길목을 피해 다니는 습성이 생겨났다

망막을 쪼여대는 강렬한 눈부심에
전봇대, 그 한 뼘 그늘진 자리마저 탐하였었다

누군가 버티고 지켜야만 생기는 작은 자리에
생존의 욕망만 물컹거릴 뿐

제법 희끗한 머리 사이사이로, 옹졸하게

비겁함이 도사리며 아침을 능욕하고 있는 것이다

글로 익힌 밝음의 이미지를 책표지인 양, 애써
포즈를 취하는 좀비의 후예

신이 허락한 대지의 향연에, 매번
오늘만 살려 버둥거리는 내가 있다

대결 1
— 자가용에 관한 보고서

진득하게 오를 수밖에 없는 삼거리 교차로
유통기한이 임박한
2007년식 트라제의 꼬리를 물고
갓 뽑아 올린 스포츠카가 지축을 울려댄다

불콰한 마후라의 탄성이
아스팔트 점도를 뛰어넘으며
경적은 끊임없는 위협으로 도사린다

늘 제때 변속이 되지 않는 생이었다
가야 할 속도에 멈칫거리는 순간이
꽃샘추위처럼 서성거렸고
올라가야 할 사다리는 비좁기만 했다
매달린 동아줄은 하염없이 길었다

백미러도 제대로 작동하지 않는

연신 손을 내밀며 고개를 숙여야 하는, 그때
옆으로 붙은 그 짙은 선글라스의
쿵쾅대는 음악이 기어이 고막을 긁는다

삼거리 교차로 불빛은
결국 붉기만 한데
나는 창문을 내리며
FM 89.9와 수신을 시도한다

나지막한 절집 목탁소리가
더 낮은 음계의 염불을, 정확히
6시로 불러 모으고 있다

대결 2
— 자가용에 관한 보고서

수화기 너머 아내는 불안하다
끊어질 듯, 목소리엔 낯선 실수보다
갚아야 할 돈 걱정이 앞선다
늘 급해야만 하는 출근길
아내의 중고 아베오는, 떡 버틴
벤츠의 자존심을 발견치 못하고
기어이 상처를 내었다
성형이 힘든 고가의 시술, 그때
아내는 자신의 얼굴을 만지작거리며
어제 들었다 놓은 수분크림을 떠올린다
명품 백 하나 없이 학부모회의를 다녀왔다며
구멍 난 속옷을 아무렇지도 않게 입고 다니던
그녀가 연신 머리를 조아린다
괜찮다며 조심스레 출발하라며
나타난 주인의 환한 위로에, 오히려
더 짧아지는 당신 그림자

불현듯 이 무대 자막에
남편의 대사가 죄책감으로 오버랩 되는 건
왜일까, 이 아침에

윗몸 일으키기
— 초읍 어린이대공원에서

불룩해진 뱃살을 들여다본다

매번 몸을 곧추 세워
하늘의 명을 알아야 할 나이만큼
지탱해야 할 허리가
연소되지 않은 욕망을 걷어내려 한다

이미 반복된 스무 개의 동작은
결국 짙은 땀범벅으로 귀결되어
눈 따가운 광장의 일탈로 꿈꾸려한다

서른 고개 접어들며 누군가에게
간절히 손을 내밀고 싶은 마음이
일렁인다, 호흡은 가빠오고
짧은 숨으로 잉태된 생명을 위해
혹함이 없는 나이테만큼

허리둘레를 들여다본다

하나하나 일으켜 세워야 할 생의 함수는
윗몸의 굳은 신경에 대응하며
손아귀에 쥐어야 할 힘으로, 다시
부푼 욕망을 지켜본다

살아낸 나이만큼 돌아다보는
이 하루하루의 날선 경배들

동네마실 너머 1
— 우신탕 입구에서

한 치의 공간도 용서치 않겠다는듯
사각 콘크리트가 뿌리 내린, 그리고
그 틈으로 다시 들어서고 있는
아파트 그림자 사이
이른 토요일 풍경이 정물화가 된다

어눌한 말씨만큼이나 느린
파리채가 허공을 가르고, 주름진 주인의
손은 언제 목욕비를 받으려는지
지난 세기 쌓아올린 담벼락으로
슬쩍 디졸브 된다

시간의 중력을 타고 흐른 몇 가닥 거미줄이
자판기 울음으로 잠시 떨리던 순간
비에 젖은 까치 한 마리가
잘려나간 느티나무 밑동에서

요란하게 새벽을 깨운다

저만치 손님을 기다렸다는 듯
키 작은 나무 의자가 무심히
제자리를 버티는 동안, 비로소
엷은 햇살 하나가 팔을 걸치며
어둠을 깎아낸다

팽이처럼 돌아가는 생의
달그락거리는 소리 뒤로
붉고 푸름이 명암처럼 오가며
여전히 살아내야 할 우리들 지문이
오늘 캔버스의 시점으로 찍힌다

동네마실 너머 2
— 화명2동 골목을 걷다

그 길에 들어서면 긴 복도도 높은 계단도 없다

 옆집 담벼락과 건넛집 대문이 지난밤사이 긴밀하게 내통하며 피워 올린 보안등의 불빛이 채 식기도 전 몇 번 울음으로 길냥이들이 자신의 영역을 알린다 창문엔 밤새 매달린 어린 방주인의 꿈이 새록새록 꽃망울을 터뜨리려할 때 내어놓은 빈 박스 속엔 오늘 버려져야 할 길을 계산한 정적靜寂이 잠시 머물고 있다 누군가 흘려놓은 오줌지도가 꼬불꼬불 말라붙어가고 있는 막다른 길에 그리운 유년의 그림자가 포개어지면 비로소 골목은 깨어난다

 일렬의 콘크리트 너머 그 길에 들어서면
 이른 새벽의 싸늘함마저도 훈훈해진다

해설

영혼은 어디에 발을 디디는가

김수우(시인)

1. 안녕하신가, 나의 장소여, 부유하는 영원이여

우리는 세 개의 '간間'을 산다. 시간, 공간, 인간이다. 이 세 개의 틈을 미끄러지며 생명은 태어나고 소멸한다. '사이'의 존재로 출렁이는 그 세 개의 '間'이 어우러진 게 장소이다. 장소는 세 겹의 현재성으로 영혼의 결을 만든다.[*] 한순간도 고정되지 않고, 지속적으로 미끌어지는 세 개의 '間'은 물질-기호[**]로 가득하다. 물컹물컹한 어떤 덩어리의 기억들, 무한히 변화하는 자유로운 파동들이 켜를 이루며 장소성을 구성해

---

[*] 장소와 공간은 다르다. 공간이 지구 표면의 물리적 개념이라면 장소는 의미가 부여된, 그 도시 문화와 정신을 구축하는 바탕이 된다.
[**] 도나 해러웨이의 개념. '물질-기호'는 기호작용을 하는 생명체를 의미. 이는 물질과 기호의 존재론적 경계를 넘어 모든 이항대립을 해체, 존재가 세계에 계속 연결되도록 돕는다.

나간다. 그 나이테에서 언어가 작동하고 시가 태어난다.

장소는 얼마나 아름다운 텍스트인가. 시인은 모든 '間'을 알아차리는 사람이다. 장소를 본다는 건 새우잠에서 깨어나는 일이다. 그 감춰진 '間'에서 속살대는 무수한 입과 귀를 만나는 일이다. 무의식의 지층을 파고 들어가 은폐된 본래에 다가가 빛나는 눈동자와 마주치는 일이다. 이러한 만남의 탈은폐는 광활한 우주와 연결되어 내재와 초월로 작동한다. 장소 망각은 무수한 은폐를 외면하지만 기억은 그 은폐를 드러냄으로서 존재를 새롭게 열어젖힌다. 장소 기억이 반성적일 수밖에 없는 이유이고, 이 시집 전체에서 시인이 부산의 장소에 천착하는 까닭이다.

시인의 영혼은 날개가 없다. 시인의 영혼은 광부의 시커먼 손톱을 닮았다. 수백 미터 깊이로 내려가 수백 킬로 갱도를 파들어가야 한다. 그 때묻은 손톱의 작업, 겨우 디디고 선 암흑 속에서 캐낸 시커먼 원석이 고된 일상을 따뜻하게 비추는 보석이 된다. 숨은 빛을 캐기 위하여 어두운 기억의 갱도를 손끝으로 더듬는 자리, 이곳이 시인이 감지하는 고통의 영역이다. 그 아득한 갱도에 역청색을 띤 무한의 언어가 용암처럼 살아 있다. 거기서 시인의 예지력은 카이로스적 시간을 작동시킨다. 과거, 현재, 미래로 흘러가는 '크로노스'에 비해 '카이로스'는 구체적인 의미를 담고 역사 저편에서 역류하여 현실을 꿰뚫는다.

장소에 담긴 카이로스적 시간을 불러 시인은 존재의 안녕을 묻는다. 정확히 숨은 질서를 응시하며 부산의 안녕을 묻고 있다. 부산의 안녕을 묻는다는 것을 무슨 말일까. 이른바 상실의 시대, 이 시집은 장소와 장소의 사건을 들추고 있다. 그 안녕은 사건을 기억하게 하고 역사를 지시하고 먼 데를 바라보게 한다. 안녕이 우리의 인사말인 것은 거기에 생명의 소망이 담겨 있기 때문이다. 동시에 그 안부는 거기에 담긴 고통을 감지하는 일이기도 하다.

> 매캐한 화약내, 가릴 것 없는 민둥 자리로
> 이방인의 묘비는 산 자의 주춧돌이 되고
> 대를 이어갈 든든한 옹벽이 되었다//
> 아이들이 태어나고 무명옷을 다듬질할 방망이는
> 끊임없이 비문을 두드리고
> 유골함은 이미 항아리가 되어 부엌을 지켜왔다//
> 가끔씩 '이따이, 이따이' '아츠이, 아츠이' 하는 소리가
> 들려온다는 소문만이 무성할 뿐//
> 아무도 고향으로 돌아가지 못하는 이 아미동에

산 자와 죽은 자의 경계는 없다//

여기는, 가난으로 생과 사를 초월하는 힘을 가진 곳이다

—「아미동은 여전히 힘이 세다」 부분

거센 소용돌이로 누구도 빠져나오지 못할

창백한 역사의 쉼표 어디메쯤

아무런 이유도 없이

영문도 모른 채 끌려나와

새끼줄에 묶인 무수한 손발

전쟁이 터진 그해, 오로지

단 한 발의 총성도 아까워

확실하게 증거를 인멸하려 했던

그곳은 지금, 유람선이

유행가를 매달고 하염없이

부산항으로 돌아오라 넘실대고 있지만

저 먼 쓰시마 해협까지 떠밀려간

그때의 잔혹한 기억들을 떠올리며

—「오륙도 비가悲歌」 부분

위 시들은 급변하는 근대사 속의 패인 주름을 보여준다. 장소가 품은 역사는 기실 우리가 관통해 온 생존의 현장들이

다. 도심에 높은 산이 많은 부산은 지형 전체가 가파르다. 그 가파름, 터널과 다리, 산복노로와 지하도로로 골곡진 형세는 우리 삶을 그대로 닮아 있다. 식민지와 피난민의 애환 속에서 성장한 이 도시는 어떠한 곳보다 카이로스적 시간이 선명하다. 하지만 장소가 사라지고 공간화되면서 시간과 인간은 희미해진다. 시인이 장소를 통해 카이로스적 시간을 끊임없이 불러 세우는 건 거기 '지금'과 '우리'가 있기 때문이다. 무심한 일상이 되어버린 그 장소의 나이테는 그대로 우리의 정체성을 그려내고 있다.

아미동 비석마을은 식민지 공동묘지 위에 한국전쟁 피란민들이 허겁지겁 판잣집을 지은 '곳'이다. 산 자도 죽은 자도 고향으로 돌아가지 못한 아미동은 그야말로 삶과 죽음의 경계가 없다. 유골과 살아있는 핏줄이 엉킨 거기에선 우리가 온 곳이, 우리가 갈 곳이 선명해진다. 고통스러울수록 생명불꽃도 강렬한 법이어서 삶과 죽음은 스스로 하나로 뭉뚱거려질 수밖에 없다. 분별하는 건 가진 자들의 특성이고 자본의 성질이다. 가난은 그저 삶과 죽음을 뭉뚱그려 온몸으로 받아들인다. 삶과 죽음을 하나로 엮어, 거기 발을 디디는 것이다. 하루 몇 차례 유람선이 돌아다니는 오륙도는 잔인한 죽음의 현장이다. 「오륙도 비가悲歌」는 오륙도 인근 해상에서 국민보도연맹원 등이 집단학살, 수장된 사건을 다룬다. 민간인 학살의 대표적인 현장으로 서너 명이 손발을 한데 묶인 채 던져지기도 했다. 거센 소용돌이로 일부 시신들이 쓰시마 섬까지 떠내려갔다고 한다. 시인은 이 사건을 불러내어 순간과 영원을 환기시킨다. 그 파도는 아직도 우리를 향해 출렁인다. 거기에 담긴 절망을 감지하는 일, 역사의 경계를 횡단하는 일은 살아있는 자의 과제가 아닐까.

시인의 직시는 '그때 그 사실'을 '살아있는 정신'으로 끊임없이 세계를 전복시키고자 한다. 안녕하지 못했던 과거가 꿈꾸던 안녕은 어떤 것이었을까. 장소로 들어가는 일은 이처럼 존재 자체를 향한 절실한 안부이다. 터가 지닌 이름을 불러주는 것, 생존을 가로질러 의미와 가치를 추구하는 것 또한 또 하나의 안녕을 묻는 방식이다. 다음 시편들은 지명 속에 적층된 시간을 끌어내며 그 아득한 역사를 더듬고 있다.

> 이곳은 석기시대부터 누울 자릴 다졌던 곳이에요 (…) 네모난 콘크리트가 다랭이 논으로 층층이 경작되어진 그 꼭대기에서 밑을 내려다 봐요 경적이 울리고 북적대는 숨소리가 지하까지 우글거리는 저곳은, 불과 팽나무 잔가지 하나 쭉 뻗어갈 날보다도 적은 연륜으로 둥지를 틀었었죠 욕망이 욕망

을 부추기고 낯선 경계가 스스로를 잔혹하게 죄어올 때, 이곳에서 호흡을 가다듬고 천천히 그 이름 불러 봐요 그러면 마음속에 숨어 있던 꽃이 환하게 피어나기 시작해요

—「화명華明」 부분

아들을 잃은 한 아낙의 젖이
어린 범을 살려냈다는 소문이 끝없는
산군의 은덕으로 귀결되었던
가난한 마을의 전설은
전쟁을 피해
먹고 살기 위해 부산하게 모여든
거친 생의 디딤이 되어줄
안창이었다//(…)
다시 한 번 큰 대륙을 향해 포효할
용맹한 족적이, 지금
골목 벽화 속에서 꿈틀거리고 있다

—「포효-안창, 호랭이 마을에서」 부분

도시는 무수한 틈으로 구성되고 또 다양한 틈을 구성한다. 카이로스적 시간이 접히고 접힌 이 겹에서 지역의 혼이 살아간다. 의식하건 안 하건 시간은 장소의 경험과 맞물리면서

직관적인 생성을 내리꽂는다. 이는 장소성을 회복하려는 지난한 모색이다. 이는 공간을 단순한 양태가 아니라 장소, 곧 오래된 땀과 눈물의 결정체로 다가간다는 말이다. 그 일상의 모퉁이에서 시인이 그려내는 풍경은 절실하고 아름답다.

「화명」에서 사람이 어떻게 터전을 만들었고, 석기시대부터 어떻게 공존해왔는지를 시인은 읽고 있다. 콘크리트 숲이 되어 버린 화명동 신도시에서 우리가 사는 법을 기억해내는 것이다. 격자형 날선 경계가 아무리 잔혹하게 다가와도 근원에 대한 원시적 상상력은 "마음속에 숨어 있던 꽃"을 환하게 피워낸다. 존재의 무한성을 깨닫는 시선 끝에서 불쑥 불려나온 시간이 삶의 신비를 열어주는 것이다. 「포효-안창 호랭이 마을에서」는 안창마을의 설화에서 함께 살아내야만 했던 절실함, 그 공존의 뿌리를 찾아낸다. 골목 벽화에서 "다시 한 번 큰 대륙을 향해 포효할/ 용맹한 족적"을 시인은 감지하고 있다. 오랫동안 잊힌 궁벽한 마을이었지만 그 안에 있는 비가시적인 거대한 힘, 꿈틀거리는 민중을 발견해내는 것이다. 민중은 뿌리이고, 강인한 민중의 자긍심은 역사를 향해 안녕을 되묻고 있다. 이처럼 공존의 능력이 살아있는 장소와 장소성 회복은 우리의 삶을 크게, 너그럽게 만든다.

하지만 끊임없이 세워지는 대단지 아파트 앞에서 그의 안녕은 망연해진다. 부산이 너무 쉽게 선택한 개발 지향은 결국 욕망과 소비로 도시를 구축했나. 간단히 징소를 지우고 공간화 되어버린 현장을 시인은 떠나지 못한다. 문명과 편리라는 이름으로 물질화된 공간을 오래 지켜보면서, 도구화 되어가는 삶을 아파한다. 동시에 회복의 방편을 더듬고자 애를 쓴다. 외면하기엔 그 또한 생명의 터전이기 때문이다.

> 쉽사리 제자릴 잃어버렸다//
> 수십 년간 대지와 내통했던 사연들도
> 한마디 상의 없이
> 포크레인 굉음으로 날아가 버렸다//
> 인정 많고 거짓 없는 이름처럼
> 구석진 골목을 끝끝내 지켰던
> 그 아름드리 품세品勢는
> 더 넓은 신작로를 위해
> 더 안락한 이웃들의 보금자릴 위해
> 두꺼운 외피를 내어놓아야 했다//
> 아기 손바닥만 한 잎으로
> 햇살과 바람을 버무려, 이곳에
> 든든하게 차려 만들던 그늘은
> 결국 호랑가시나무들로

일제히 환생을 준비 중이다//

보도블록 틈새에 갇혀

인공의 목발에 기대어, 이제는

바다 건너 선흘리 불칸낭

그 후박厚朴을 한번쯤

기억해내야 할 때가 되었다

— 「新세한도-신축 아파트 공사장에서」 전문

 신시가지 귀퉁이, 서로 이마를 맞대고 실핏줄처럼 호흡을 이어가는 골목을 접어들면 유독 수선집이 즐비하다 수선집이 많다는 것은 가진 것이 적다는 것, 하지만 새것에 대해 내 것을 지니려는 작은 반동反動의 시작일 수 있다 빳빳한 지폐가 우리의 짠한 추억까지 매입하며 기억의 상실로 유혹하지만, 그래도 지난겨울 걸쳤던 외투의 해진 기억을 박음질한다 늙은 재봉틀이 그 사연들을 찬찬히 돌려가며 모르스 부호처럼 수신한다 또 한 번 줄어드는, 욕망만큼의 소맷단이 수선집 바닥에 흥건하다// 이 단골집을 드나들 때마다 나의 영혼은 새롭게 태어난다

— 「수선집에 관한 고찰」 전문

 포크레인 굉음과 함께 날아가버린 "수십 년간 대지와 내

통했던 사연들"은 무엇일까. 아름드리의 꿈은 환생할 수 있을까. 구석진 그늘을 만들면 아름드리는 보도블럭에 갇혀서라도, 인공 목발에 기대서라도 호랑가시나무로 다시 태어나길 꿈꾼다. 생명의 소명이란 얼마나 절실한가. "선흘리 불칸낭"은 제주도 선흘리에 있는 신목 후박나무를 말한다. 제주 4·3으로 인해 불타버렸다지만 아직도 잘 살아 버텨, 끝까지 자신을 회복해내는 생명력의 상징이다. 「수선집에 관한 고찰」에서 "새것에 반동하는 내 것"을 향한 의지에서 돋아나는 푸른 새순이 돋보인다. "기억의 상실"로 유혹하는 해진 외투를 수선집에 부탁하며, 시인은 영혼이 보내는 모르스 부호를 듣는다. 삶은 결국 선택이다. 늙은 재봉틀이 수신하고 있는 세계, 엄청난 변화 속에서도 자신을 지켜내는 어떤 박음질 앞에 우리는 함께 경건해질 수밖에 없다.

신시가지가 지닌 개발과 편리 앞에 사라진 장소의 서정을 자꾸 끌어다 붙이는 것은 과거를 그저 상실된 대상으로 보지 않고, 미래를 세우는 힘으로 삼고자 함이다. 과거를 그저 흔적으로 여기지 않는다. 내재된 시간의 그물망인 과거는 영원이 춤을 추는 지붕이며, 실존을 받치는 새로운 기둥이다. 삶을 사랑하는 자는 현실 속에 있는 미래와 과거의 교호작용을 믿는다. 믿고야 만다. 그 외에 아파트나 대형마트, 자가용 등

편리 중심의 문명, 생태적 의미를 지워나가는 건설을 응시하는 시편들 또한 시인의 기도를 더 아득하고, 간절하게 한다.

2. 돌아오라, 돌아오라, 돌아오지 못한 것들이여

 장소를 응시하는 것은 어떤 궤도를 타는 일이다. 기억의 현상학이라는 이 궤도는 카이로스적 시간을 입고 흐른다. 폴 리쾨르는 『기억, 역사, 망각』에서 실제 사건의 연속이 아닌, 정신에 의해 재구성되어 기록, 재현된 역사의식을 다룬다. 거기서 리쾨르는 인간체험의 기저를 이루는 '기억'을 전면에 세운다. 과거 기억 없이 현재 인식이 형성될 수 없고, 또 미래에 대한 판단력도 불가능하다는 것이다. 기억이 바로 역사를 짓는 의식의 기초임을 전제한다.

 기억의 현현은 그 모든 것을 꿰뚫는 화살처럼 수많은 교차점을 관통한다. 기억의 특성은 모든 통증을 생명성으로 이끌고 가는 힘에 있다. 그 힘이 강하게 감지되는 곳이 서면이다. 이 시집엔 지역의 목소리가 살아있는 장소로서 서면에 관한 시들이 압도적으로 많다. 끊임없이 기억이 삭제당하는 현실과 싸우기 위해 시민단체들은 서면 추모광장에 자주 모여야 했다. 최근에는 촛불 집회를 비롯 이태원, 세월호, 기후 문제 등 진실규명을 외치며 좁은 광장 맨바닥에 있어야만 했다. 그 모든 서사들은 기억이라는 큰 문의 빗장을 당기는 손이었다. 그 문턱으로 우리가 한 일, 해야 할 일들이 큰 눈으로 몰려나왔다.

> "가만히 있어라"
> 이 환청은 우리의 달팽이관에 달라붙어
> 지금도 세상을 조롱하고 있다//(…)
> 여전히 "가만히 있어라"
> 얼굴도 이름도 모른 채
> 한 송이 국화꽃으로만 슬픔을 대신해야 할
> 지금, 우리는 왜 이 기시감을
> 다시 강요당해야 하는가//
> 살기 위한 몸부림이 옆 사람을 죽일 수밖에 없는
> 통곡의 벽, 그 헤어 나올 수 없는 통로에서
> 이태원, 그곳은 영원한 이방인의 거리
> ─「가만히 있으라-이태원 참사, 서면 추모광장에서」부분

반드시 인양되어야 할 거룩한 진실을 위해
지금

> 바로
>
> 여기서
>
> 명멸해 가는 한 명 한 명의 어린 영혼들을
>
> 우리는 다시 목놓아 불러야 한다
>
> ─「이곳, 부산에서 세월을 외치다─세월호 참사 9주기를 맞아」 부분

무엇보다 기억이라는 내적 시간은 고통과 밀접하다. 고통과 절망을 의미화할 때 역사의 층은 두꺼워진다. 아무렇게나 방치된 존재들을 잊지 않으려는, 망각을 넘어서려는 강렬함으로 장소는 언제나 꿈틀거린다. 꿈틀거림이 역사를 탄생시킨다. 기억은 역사화되어야 한다. 공동의 기억과 체험을 어떻게 보존할 것인가. 사건의 진실을 스스로 책임지려는 자성은 중요한 능력이다. 우리를 우리답게 세우려는 몸부림이 억압과 불행의 실체에 대한 깨달음을 낳기 때문이다. 그때 개인의 자유와 서정은 공동체적 필연성에 닿는다. 아무리 개체를 강조해도 우리는 이미 무한한 세계가 적층된 공동의 존재가 아닌가.

그래서 기억은 우리에게 임무이다. 능동적 재기억은 새로운 통찰을 가져온다. 회상에서 출발하여 재기억을 거쳐 반성적 기억으로 나아갈 때 영혼은 진화한다. 영혼을 성장

시키는 건 몸의 기억이다. 역사도 예술도 몸의 기억이 낳는다. 착각과 망각의 위협에 시달리면서도 인간은 기억을 통해 가치를 구축해낸다. 그렇게 서면은 목소리의 광장이었다. 모든 것이 아프게 외쳐졌고 사건이 불려나왔다. 장소는 응답하는 힘이 있다. 응답으로 장소는 다시 살아남고, 그 응답이 시민의 정체성으로 직결된다. 거기서 끊임없이 불려나온 평화와 자유, 그리고 진실은 모든 발전 이론을 뛰어넘는 힘이 아닐까. 기억이 가진 자기반성적 작용은 결국 '우리'를 향하기 때문이다.

> 그날은 비가 내렸고
> 서면의 심장은 여전히 뛰고 있었다
> 아스팔트는 한 치의 불의不義도//(…)
> 다치지 않을 촛불만큼 감싼
> 신문지의 거대한 반동은 시대를 재촉했다
> 어질러진 함성이 일제히 자리를 박차며
> 정돈된 구호로 빌딩 사이를 더듬었고
> 조막손에서 굵은 주먹까지 내지른 허공은
> 다가올 당위當爲의 역사로 주름졌다
> ―「그날, 서면 광장에서」부분

北에서 내려온 손님과, 南에서
올라간 손님이 만나 걷던
도보다리가 주인공이 되던 그날//
끈적한 핏줄의 돌기처럼
정체한 거듭해온 역사처럼, 갇혀버린
교차로 차창 너머//
흰 광목에 붉게 쓰여진 '평양관광'
그 아래로 '매일 출발합니다'가
훅 하고 푸르게 끼어든 그날

—「서면 교차로에서-4월 27일」 부분

「그날, 서면 광장에서」는 촛불집회 광경을 묘사하면서 어떻게 목소리가 당위의 역사를 끌어내는지를 증거한다. 「서면 교차로에서-4월 27일」에 담긴 우리 역사의 고지혈증, 그 깊은 병 속에서 하나의 희망이 켜지던 순간을 응시하고 있다. 무수한 교차로를 가진 서면의 심장 속에서 우리 실체를 직면하는 것이다. 이 시선이 중요한 이유는 그 발견이 해방을 낳는 전류이기 때문이다. 절실한 심정이 고스란히 담긴 위 시들은 우리가 어떤 미래를 원하지를 분명히 한다. 다음 세대에게 선물하고 가야 할 과제가 교차로 차창 너머에서 시인을 후려치고 있음이다. 희망의 가능성이란 얼마나 날카로운 것일까.

능동적인 기억을 위해 시인은 존재한다. 역사가 스며든 '곳'은 획일적인 풍경 속에서도 내면적인 장소를 체험하게 한다. 동시에 언어와 정신적 이미지에 근거를 부여해준다. 이를 통해 장소는 독자성을 지닌 다양한 문학적 주체로 탄생하면서 영혼의 자궁이 된다. 시인은 그 속에서 곧 역류하는 시공간을 찾아내고 존재 의미를 무차별적으로 무화하는 '크로노스'의 장벽에 대항하는 '카이로스'의 시간을 탄다. 과거의 지위, 공간의 지위를 변화시키는 것이다. 카이로스는 생명 가치를 어떻게 해서건 보존하면서 한 개체가 영원을 추구하게 한다.

> 두툼한 소고기 패티로 무장한
> 빵 한 입을 베어 물며
> 흘러내린 치즈를, 서둘러
> 플라스틱 빨대로 음미하다//(…)
> 녹아내리는 빙하를 헛딛는 북극곰의 당황스러움과
> 키만큼 높아진 바닷물의 습격에 놀라는 원주민들
> 타는 목마름의 저편으로
> 노아의 방주를 만들어낼 비의 기세에
> 죽음보다 더한 두려움을, 시간은
> 이미 예감하고 있는 중이었다
> ―「4월 22일, 기후 진맥 시계-부산 시민공원에서」 부분

누군가를 기다리며 '무작정'이란 부사를
슬그머니 끼워 넣을 수 있는 곳//
손전화도 없던 시절, 한 女子를
살붙이로 맞이하기까지의 진한 여백 너머//
종종 사막을 건너야 할 낙타의 발굽으로, 간절히
시집 진열대에서 빛나고 있을
언어들을 주술처럼 되뇌일 수 있는 곳//
함께 나란히 입을 맞춰가며
어긋난 시간이 빚어낸 오해도
휘발성 강한 감정의 옹알이도, 숫제
행간의 침묵 속으로 퍼다 담을 수 있는 그곳
　　　　　―「동보서적, 희미한 옛 그림자」부분

위 시들은 지구 생태의 혼란 속에 있는 한 장소의 한 부탁을 보여준다. 장소들은 당부한다. 곧 소비와 존재의 대립이다. 시인은 우리의 소유가 만들어낸 소비가 어떤 위기를 가져오는지 부산시민공원의 '기후진맥시계' 앞에서 전 지구적인 통증을 느낀다. 모든 위기의 진원지인 자본주의의 실체를 어떻게 균열낼 수 있을까. 지구온난화 앞에서 당황하는, 기후위기의 최전선에 있는 북극곰이 우리를 돌아본다. 우리 또한 더 당혹스럽고 수치스럽다. 지속가능하지 않다는 것은 '죽음보다 더한' 끔찍함이다. 지구의 불균형을 체감하는 이 위기는 감성의 위기이며 언어 위기는 아닐까. 시인은 휴대폰이 없던 시절의 '동보서적'을 기억해낸다. 무작정 기다리면서도 모든 것이 충분히 감응하던 느림의 시절, 곧 존재의 시절이었다. 속도 위기에 갇힌 우리에게 많은 낙타 발굽 같은 주술적 언어를 선물하던 곳, "어긋난 시간이 빚어낸 오해"도 "휘발성 강한 감정의 옹알이"도 침묵의 행간 속으로 옮겨놓던 동보서적의 기억은 존재의 울림으로 그득하다. 그 울림은 우리에게 무엇을 부탁하고 있는 걸까.

중요한 것은 카이로스적 시간으로 역류하며 우리 속에 돌아오는 또 하나의 '우리'가 바로 '장소'라는 사실이다. 장소가 우리를 부를 때, 서면이 우리를 부를 때, 우리는 좇아나가 하나의 장소가 되어 보도블럭 위에 앉는다. 장소의 목소리는 호명이나 발언을 넘어 그 자체로 생명의 가능성이기 때문이다. 기억의 안과 바깥을 구성하는 통증의 어떤 지점이 점화되면서 새로운 정체성으로 성장한다. 그 상호작용과 변화 가능성이 '우리'를 향한 출발점이 된다. 이처럼 복합적 요소로 획득되는 장소성은 늘 장소의 의미 이상이다.

위기의 현장 말고도 개인적인 기억도 서면에 많다. 서면 주변인 당감동이나 양정, 초읍 등도 많이 나타난다. 서면을 중심으로 돌고 돌았던 일상이 정직하게 담겨 있음이다. 서면 뒷골목 포차, 성지곡과 어린이 대공원, 양정시장, 영광도서 앞 회국수집, 백양산 자락, 당감동의 절집과 통닭골목, 국민은행 당감동 지점, 삼광사 아랫마을 등 여러 곳에서 개인적인 의식은 감각의 지층을 이룬다. 구체적인 기억이 묻어 있는 사적私的인 장소를 사적史的인 장소로 환치시키는 자리에서 발생하는 진실은 공동체를 연결하는 친밀함이기도 하다. 이러한 장소 기억 또한 시인에게는 존재의 안간힘이 아니었을까. 장소의 박테리아들이 뿜어내는 효소들은 생태적 상상력으로 작동한다.

3. 바깥에서 안으로가 아닌, 안에서 바깥 바라보기

바깥의 눈으로 안을 보는 것이 아니라, 안의 눈으로 바깥을 보는 것이 생태적 상상력이다. 이는 곧 관계의 감각을 묻은 질문이기도 하다. 자기 안의 법칙을 발견하고, 내 안의 시선을 바꾸면 주변과의 관계가 바뀐다. 그러한 관계 속에서 세 개의 간間을 미끄러지는 존재들은 만남과 접속이 여러 차원에서 이루어지는 접화군생으로 나아간다. 연계되어 흘러

가는 것이다. 접화군생接化群生은 생명의 그물망으로 接(만나다), 化(감화하다, 변천하다), 群生(뭇생명)이라는 뜻이다. 곧 '뭇 생명들이 만나서 관계를 맺으며 변한다'는 것이다. 어떤 존재를 마주하면서 서로 이치로 변화시키는 일은 장소에 감응하는 일이기도 하다. 그 흐르는 결을 따라 영혼을 가진 뭇 생명들(사물까지 포함)이 서로 공경하는 장소는 그 자체로 신성함이 아닐까.

이 신성함을 회복하면 관계의 변화도 쉬워진다. 모든 존재들은 숨을 들이쉬고 내쉬면서부터 하나의 궤적으로 연결된다. 연속적이면서 무한 증폭되는 장소의 틈, 시간의 겹, 사람 사이의 결을 어떻게 읽어낼 것인가. 변질과 혼란은 존중과 책임이라는 지극함을 망가뜨렸다. 시인은 신성을 회복하고자 개발 뒷면에 있는 장소를 모든 생명적인 것과 연결시키고 있다. 겹겹 지층 속 암석이 광부에 의해 보석으로 탄생하는 것처럼 시인이 꿈 꾸는 장소에 의해 삶의 애환들은 정직한 언어 속에서 필연성을 얻는다. 곧 배제와 차별을 넘어선 관계의 감각이 창조되는 것이다.

　　흙으로 돋운 높다란 둑방 위로
　　백 년도 훨씬 넘은 일곱 그루 소나무가

조심스레 기지개를 펴며, 여전히

새로운 시간을 직조하고 있다//(…)

물을 노래하는 마음으로

두 팔을 양옆으로 드리우며

법기리를 품는다//

적어도 세 번은

머리를 숙일 수밖에 없는//

천천히 가야 할 길, 그대 앞에서

―「법기리 반송盤松나무에게」 부분

어눌한 말씨만큼 느린

파리채가 허공을 가르고, 주름진 주인의

손은 언제 목욕비를 받으려는지

지난 세기 쌓아올린 담벼락으로

슬쩍 디졸브 된다//

시간의 중력을 타고 흐른 몇 가닥 거미줄이

자판기의 울음으로 잠시 떨리던 순간

비에 젖은 까치 한 마리가

잘려나간 느티나무 밑동에서

요란히 새벽을 깨운다

―「동네 마실 1-우신탕 입구에서」 부분

위 시들엔 관계의 미학이 잘 드러나 있다. 개별 주체가 기억으로 구성되고 그 움직임에 따라 또 다시 제구성되는 관계 속에서 도시의 틈은 열린다. 장소에 부여된 질서가 다양한 층을 이루며 아름다운 존재의 굴곡을 만드는 것이다. 시인이 서성이는 위 장소들도 실재의 감각을 되찾는 순간을 보여준다. 일곱 그루 소나무가 품고 있는 법기리 풍경은 어떤 경외로 가득하다. 새로운 시간을 직조해내는 그 경이에 "세 번은/ 머리를 숙일 수밖에 없"음을 시인은 고백한다. 조심스럽고 지극한 자세 앞에서 법기리는 인간과 자연의 질서가 융합된 하나의 중심이 된다. 또 마실을 나선 어느 하루, 시인은 우신탕 입구 한 모서리에서 존재의 미세한 겹을 읽는다. 비린 현실이 품은 무료와 희망이 층층이 결을 이룬 환幻의 역학에 세밀하게 접근하고 있다. 어눌한 말씨와 파리채, 목욕탕 주인, 목욕비, 담벼락, 거미줄, 자판기, 까치 한 마리, 느티나무가 연결하는 사소한 일상은 시인에게 영성의 지점으로 작용한다. 장소 안과 밖에는 그리움과 희망으로 층을 이룬 은유들이 어떤 응시를 통해 시가 되는 순간이다. 이렇듯 지극함은 의미 부여를 통해 의식적으로 획득되기도 하고 장소와 동일시됨으로서 무의식적으로 얻기도 한다. 결국 장소에 대한 상상력은 우리 삶터를 얼마나 내면적으로 확보하느냐의 도전이다. 지각 능력이 풍부한 사람은 앞만 보지 않는다. 뒤를 보고, 또 보이지 않는 틈과 겹을 읽어낸다. 그때 관심과 실천은 진심이 된다.

> 마음을 내려놔야 한다는 처방을 떠올리며 지금껏 짊어온 무게를 저울질하려할 때 길섶의 꽃무릇이 슬며시 다가왔다// 배고픔을 하얗게 속이던 하루하루를 보내며 무심코 지나쳤을 그 숲속 길냥이에게 비로소 인절미 과자 하나를 뜯어주었다 // 끈적하게 지상에 발을 디뎌온 날들 하늘의 명을 알아야 할 지금, 마침내 마음이 환하게 열리었다
> ─「개심開心─금정산을 맞았다」 부분

위 시는 금정산 가는 길, 지천명을 맞은 어떤 마음의 풍경이다. 길섶의 꽃무릇, 숲속 길냥이, 인절미, 지상을 디딘 발과 삶의 무게가 하나의 거미줄처럼 하늘에 펼쳐진 느낌이다. 대체로 인간이 자신을 자연과 연결, 존재의 의미를 확장할 때 어떤 시공간적인 질서는 새롭게 설정된다. 시인의 영역은 단순히 자기가 살고 있는 곳이 아니다. 장소를 발견함은 삶의 실타래들이 풀려나가는 그 끝에서 다시 짜기가 시작된다는 말이다. '마음이 환하게 열림'은 삶의 어떤 부조리도 넘어설 수 있는 가능성을 드러낸다. 마음을 연다

는 것은 파편화된 것을 엮어내려는 의지이다. 하늘의 명은 언제나 생태의 균형을 맞추고 있음을 알고 있음이다. 존재를 침식하는 모든 위기를 넘어서는, 새 꿈을 위해서는 열린 마음이 우선이리라.

  우주와 인간을 연대하려는 노력은 도시의 틈을 어떻게 체험하는가와 관련된다. 도시의 내면은 문학 속에서, 시인의 언어 속에서 더 친숙해진다. 개개인의 삶 또한 개별화, 이질화되었지만 인간이 도시를 살아가는 한, 도시는 꿈을 꾼다. 보이지 않는 숨은 질서를 이해하는 것이다. 인간의 꿈, 그 언어가 도시를 성장하게 한다. 기우뚱기우뚱하면서도 마음의 길을 내어주는 장소, 자신만의 고유한 카이로스를 지키려는 의지로 시인은 부산의 장소에 몰입한다. 새로운 언어와 기억의 도시로 세우려는 것이다. 도시를 사랑하는 이 감성이 비로소 우리의 정체성을 반짝이게 할 것임을 믿는다. 그때 우리는 무수한 관계의 겹을 타고 사방으로 접속하면서 부산에 선다. 아득한 예전에도 그랬고 미래에도 그럴 것이다.

    등을 기대고 두 얼굴로 마주 선
    비녀를 붉게 꽂은 지하여장군은, 으레
    서툴게 출항하는 배의 이물 위로

성스럽게 걸리곤 하고//

먼 바다를 향해 경계를 서는

굳게 입술을 다문 천하대장군 앞으론

귀향을 서두르는 목선의 엔진소리가

비로소 고요해져 온다//

미역이 금줄처럼 널려진 연화리 입구

우뚝 솟은 두 장승은

생의 등대처럼 눈을 껌뻑이며

오늘도 여전히 안녕하다

—「장승등대는 안녕하다」 부분

위급한지 모르는 변방에는

그저 공중파 첨탑 세 개만이

자본의 높이만큼 뾰족 솟아

화려한 손짓으로

눈먼 백성들과 은밀한 거래를 하고 있을 뿐//

멧비둘기 한 쌍, 여전히

세상 안녕한 듯

봉수대를 점령하고 있다

—「황령산 봉수대에서」 부분

생의 등대 같은 연화리 두 장승을 통해 시인은 부산의 안녕을 확인한다. 지하여장군과 천하대장군, 목선의 엔진소리, 미역, 출항과 귀향이 한 폭이 된 연화리 입구는 존재가 어떻게 서로를 관여하고 감응하는지를 증명한다. 장소는 우리에게 응답하면서 사람을 키우고 사랑을 키우면서 풍경이 된다. 부산의 카이로스적 시간이 끊임없이 역류하면서 현실을 꾸려내는 저 영원이 바로 우리의 일상이다. 하지만 그 안녕과 동시에 의문을 갖는다. 황령산 봉수대 앞에서 시인은 불안을 읊조린다. 멧비둘기 한 쌍이 변방의 평안을 말해줄 수 있을까. 황령산 봉수대 자리, 자본의 높이만큼 솟은 공중파 첨탑 세 개는 해운포와 부산포의 화려한 전망을 보여준다. 하지만 시인은 위급을 알리던 봉수대에서 다시 어떤 위급을 전하고 싶어 한다. 진정한 '안녕'을 묻는 것이다.

표준화된 편제는 장소성의 고유 맥락들을 지우고 기능적으로 재배치했다. 그것을 발전이라고 믿어왔다. 하지만 이 시집은 '진정한 안녕'을 통해 진보가 앞으로만 가는 것이 아니라, 뒤로 가기도 한다는 선명한 목소리를 낸다. 이분법적 차별을 넘어 도시의 모든 세포를 성장시키려면, 뒤켠에 있는 감춰진 것들의 안녕을 물어야 한다는 것이다. 그래서 뒤를 돌아보는 안녕은 미래를 향한 질문이다.

안부는 위기를 보여주는 질문일 수밖에 없다. 그래서 다시 안부를 묻는다. 장소성은 감춰진 채 오늘도 강물의 결처럼 햇살에 반짝이고 바람에 출렁인다. 접화군생은 장소뿐만 아니라 시간의 모든 경계를 넘어서면서 생명의 인드라망을 짠다. 이 새로운 거미줄은 평범한 공간을 가장 우주적인 장소로 열어준다. 시는 장소를 향해 나아간다. 시는 최소한의 언어로 강렬한 장소성을 건축한다. 장소성의 회복은 가장 리얼하면서 가장 신비하다. 생존에서 생명으로 무한 층을 이루며 파문을 짓는 것이다. 시인으로 살아간다는 것은 시인의 영혼을 자각함이며, 이는 그 머무는 몸을 이해하는 것이다. 몸을 이해함은 그 몸이 관계하는 지역을, 지역 이해는 역사를, 역사 이해는 시대를 넘나드는 영혼을 회복한다. 영혼을 회복한다는 것은 모두가 시인의 마음으로 살아가는 것이다.

부산의 장소들은 우리에게 무엇을 당부하는가. 그 울림이 이 시집의 모든 행간에 가득하다. 장소가 품은 세 개의 '間'은 우로보로스의 뱀처럼 또는 뫼비우스의 띠처럼 삶과 꿈을 순환적인 관계로 만든다. 이러한 순환 운동 속에 김요아킴 시인의 부산이 있다. 그는 이전 시집에서도 다양한 형식으로 지역성에 접근한 바 있지만 이번 시집은 주름진, 감춰진 겹들을 찾아내어 그 관계를 회복시키면서 충분한 부산성, 부산의 인문을 우리에게 열어준다. 기억과 상상의 바퀴를 따라 삐걱거리는 저 장소들이 질감과 음영을 가진 새로운 무늬를 창조하고 있음이다.

다시, 그렇게 시인은 태평양이라는 큰 창문을 가진 부산의 안녕을 기다린다. 장소 속 영원한 타자를 향하는 시적 여정을 통해서 부산을 연인의 '설렘'으로 다시 만날 수 있지 않을까. 광부의 손톱을 가진 시인의 언어에서 부산의 바람과 햇빛이 돋아난다. 안녕하신가. 우리의 장소들이여, 부유하는 영원이여. 설레는 부산이여.

부산을 기억하는 법

1판 1쇄 펴낸날 2024년 7월 1일

지은이 김요아킴
펴낸이 서정원
펴낸곳 도서출판 전망
편집 윤경디자인
주소 48931 부산광역시 중구 해관로 55(201호)
전화 051) 466-2006
팩스 051) 441-4445
이메일 w441@chol.com
출판등록 제1992-000005호
ⓒ김요아킴 KOREA

ISBN 978-89-7973-627-4
값 13,000원

* 저자와의 협의에 의해 인지를 생략합니다.
* 이 책 내용의 전부 또는 일부를 재사용하시려면 저작권자와 도서출판 전망 양측의 동의를 받아야 합니다.
* 본 출판물은 〈2024 우수 출판콘텐츠 제작지원〉의 일환으로 부산광역시와 부산정보산업진흥원의 지원을 통해 제작되었습니다.